Jezus ontdekken

MIX
Papier van verantwoorde herkomst
FSC® C004472

JEZUS ONTDEKKEN

8e druk (herziene editie): augustus 2015

Postbus 13288, 3507 LG Utrecht
www.kok.nl
Omslagontwerp en boekverzorging: Patrick Staal
ISBN 978 90 435 2575 6
NUR 707

JOS DOUMA

Jezus ontdekken

geloven in hem

INHOUD

VOORWOORD

Ik weet niet waarom je dit boek in je handen hebt genomen om het te gaan lezen. Ik weet wel waarom ik het geschreven heb.

Ik heb het geschreven omdat ik er naar verlang dat jij Jezus leert kennen op een manier die je misschien niet voor mogelijk had gehouden. Ik heb het geschreven omdat ik vermoed dat je iemand bent die wel van harte gelooft maar het soms moeilijk vindt om een persoonlijke relatie met Christus te ervaren. Ik heb het geschreven om Jezus Christus aan je voor te stellen op zo'n manier dat jij zelf ook niets anders wilt dan hem centraal stellen in je leven.

Dit boek is dus geschreven vanuit een verlangen. Maar het schrijven was ook een daad van gehoorzaamheid. God de Vader is zo trots op zijn Zoon dat hij alles aan hem heeft gegeven en dat hij tegen heel de wereld zegt: 'Kijk naar hem, luister naar hem, naar mijn Zoon, mijn intens beminde kind, in wie ik al mijn vreugde vind.' Dit boek is bedoeld als een hulpmiddel bij dat kijken en dat luisteren. En ik bid dat de Geest van God je hart opent en dat hij je Jezus laat zien, de Christus, Gods Zoon, de Heer van het heelal en de Heer van je hart.

Ik ben me er daarbij heel goed van bewust dat dit kleine boek op geen enkele manier recht kan doen aan de grootheid van Christus. Hij is zo overweldigend dat de wereld de boeken niet zou kunnen bevatten die over hem geschreven zouden moeten worden om hem volledig voor ogen te schilderen. Ik kan niet meer doen dan iets van wat ik zelf mocht ontdekken met je delen. Daarbij speelt vooral het Nieuwe Testament een grote rol. Niet omdat ik geloof dat je Jezus niet kunt leren kennen uit het Oude Testament. Wel omdat de openbaring van Gods Zoon in het Nieuwe Testament directer en voller is. En als je goed oplet, zul je zien dat ik ook nog weer een grote voorkeur heb voor het evangelie van Johannes en voor de brieven van Paulus.

Ik heb gekozen voor de vorm van een 33-dagenboek. Ik kies voor die 33 dagen als herinnering aan het aantal jaren dat Jezus als mens op aarde leefde. Waarom leefde hij eigenlijk 33 jaren, en niet 20 of 73 of 40? Ik weet het niet. God neemt de tijd die hij nodig vindt. En dat is voor ons lang niet altijd te verklaren.

Met de keuze voor 33 dagen wil ik daarom ook helemaal niet de suggestie wekken dat je na precies 33 dagen Jezus zult hebben leren kennen in zijn volheid. Want het leren kennen van Christus is een kostbaar geschenk dat je moet willen ontvangen, maar dat ook werkelijk van de andere kant gegeven moet worden. Het is in welke vorm dan ook een gebedsverhoring die komt op de door God bepaalde tijd. Jezus vinden is vóór alles: ontdekken dat Jezus jou gevonden heeft.

Van mij hoef je dit boek dan ook niet in precies 33 dagen te lezen (het mag natuurlijk wel). Want het gaat niet om een precies aantal dagen, maar om Gods weg met jou. Misschien wil hij dit boek gebruiken om jou een diepere ervaring te geven van Christus' aanwezigheid en gebruikt hij daarvoor de bladzijden die ik geschreven heb voor dag 27. Misschien gebruikt hij wel de preek die je aanstaande zondag hoort om je in je hart te treffen en je ogen te openen voor de glorie van zijn Zoon. Want ik weet niet precies hoe God te werk gaat. En dat vind ik ook helemaal niet erg. Eén ding weet ik wel: hij maakt gebruik van zijn goddelijke woord dat in de handen van de Geest en in de harten van wie in hem geloven een geweldig krachtig middel is om mensenlevens te veranderen en te vernieuwen.

Daarom speelt in dit boek de Bijbel ook zo'n belangrijke rol. Ik moedig je aan om voortdurend biddend te lezen en te luisteren. Zonder de Geest van gebed gaat het niet. Alleen hij kan de ogen van je hart openen voor de Christus van de Schriften, die voor ons onthult wat er leeft in het hart van zijn Vader.

Aan hem, die drie-enige God, Vader, Zoon en heilige Geest, is de kracht en de glorie en de majesteit en de lof en de heerlijkheid, vandaag en morgen en in eeuwigheid. Amen.

Jos Douma
Zwolle, zomer 2015

Dit boek verscheen in 2004 onder de titel *Jezus ontdekken. 33dagenboek*. Uiteindelijk kwamen er drie boeken over Jezus. Naast *Jezus ontdekken* schreef ik ook *Jezus uitstralen* (2005) en *Jezus aanbidden* (2008). Samen vormen de drie boeken een trilogie over Jezus:

1 **Jezus ontdekken**. In hem geloven
2 **Jezus aanbidden**. Hem bewonderen
3 **Jezus uitstralen**. Op hem lijken

Deze trilogie verschijnt nu opnieuw, in een ander jasje en ook enigszins herzien. Ik hoop dat deze boeken, in een tijd waarin discipelschap hoog op de agenda van de kerken staat, los van elkaar en ook samen inspiratie bieden om te leven als leerling van Jezus. Om hem te vertrouwen en te volgen in je dagelijkse leven.

Dit boek is heel geschikt om te gebruiken in een Bijbelstudiegroep of gespreksgroep, of in een gemeenteproject van een lokale kerk. Kijk voor meer handreikingen daarover op: www.jezusontdekken.nl.

MIJN ONTDEKKINGSTOCHT

Voordat ik je meeneem op een ontdekkingstocht, wil ik je eerst iets vertellen over de weg die ik zelf ben gegaan. Niet omdat het een heel bijzondere weg is, maar misschien dat het je kan helpen om mij wat beter te leren kennen. Tenslotte mag ik in de komende weken een eindje met je meelopen op je weg met God. En ik denk dat ik het ook vertel om voor mezelf nog eens wat helderder te krijgen wat er gebeurd is.

Ik ben in 1968 geboren in een gezin van uiteindelijk acht kinderen. Mijn tweelingbroer en ik waren respectievelijk de zevende en de zesde (jawel, ik ben tien minuten ouder dan hij). Mijn vader en moeder gingen hun kinderen voor in een leven met de Heer. Daarbij speelde de betrokkenheid bij de kerk een belangrijke rol. Zo mocht ik in mijn jeugd de God van de Bijbel leren kennen en ontdekte ik de waarde van een kerkelijke gemeente. Ik voelde me thuis in de kerk.

Na de lagere school en de middelbare school (en over die periode van een slordige veertien jaar, in Zuidhorn en Meppel, valt werkelijk niet veel bijzonders te vertellen) heb ik een half jaartje in Enschede gestudeerd aan de HEAO. Maar dat was het helemaal niet, bleek achteraf. Toen besloot ik, het was eind 1988, om naar 'Kampen' te gaan, waar de Theologische Universiteit van de Gereformeerde Kerken (vrijgemaakt) zich bevindt. Deze keuze is voor mijzelf achteraf altijd nog een enigszins ondoorgrondelijk gebeuren. Er zijn, voor zover ik mij herinner, geen maanden van overweging aan vooraf gegaan. Opeens was mij helder, in een van de laatste decembernachten van 1988, dat ik moest gaan studeren om predikant te worden. In die tijd was ik wel intensiever met Bijbel en geloof bezig dan daarvoor. Maar van een bijzondere periode van bekering en vernieuwing van mijn geloof was geen sprake.

De theologische studie verliep de eerste jaren vrij onopvallend. Ik wilde gewoon dominee worden en nam de studie eigenlijk min of meer op de koop toe. Dat veranderde toen de preekcolleges begonnen. Ik raakte, mee door het onderwijs van professor Kees de Ruijter, hevig geïnteresseerd in alle vragen die samenhingen met prediking in deze tijd. Deze interesse leidde ertoe dat ik voor mijn afstudeerscriptie als onderwerp koos: 'De meditatie en de preekvoorbereiding'. Inmiddels was namelijk ook het onderwerp spiritualiteit mij steeds meer gaan interesseren: de scriptie bood een prachtige mogelijkheid om me te verdiepen in de spirituele dimensie van de preekvoorbereiding.

Eenmaal afgestudeerd (in 1995) mocht ik aan de Universiteit in Kampen drie jaar lang werken als wetenschappelijk assistent en een proefschrift voorbereiden. Het onderwerp lag opnieuw op het snijvlak van prediking en spiritualiteit. De titel van het proefschrift luidde: 'Veni Creator Spiritus. De meditatie en het preekproces'. In mijn studie besteedde ik veel aandacht aan het werk van de heilige Geest in en rond de prediking: ik probeerde heel het preekproces te doordenken vanuit dat gezichtspunt. In 1998 zaten de drie jaren erop en werd ik predikant in de Gereformeerde Kerken van Beverwijk en Krommenie. De promotie volgde in 2000.

In dat jaar, 2000, maar misschien ook al wel eerder, bekroop mij steeds meer het gevoel dat ik in mijn nadenken over prediking en spiritualiteit teveel was gefocust op de heilige Geest en te weinig op Jezus Christus. Daarbij speelde de volgende opmerking een belangrijke rol (gemaakt door dr. Kick Bras in het Manifest voor de geestelijke vernieuwing van de Samen-op-Weg-Kerken dat hij in 1995 publiceerde): 'Het is van groot belang dat er in onze kerken christocentrisch gepreekt wordt, maar van nog veel groter belang dat er christocentrisch geleefd wordt'. Hier vond ik de term 'christocentrisch' voor het eerst verbonden met een ander woord dan prediking. Blijkbaar kon je als gelovige dus niet alleen luisteren naar christocentrische preken, maar zelf ook een christocentrisch leven leiden!

Uiteindelijk werd de 40-dagentijd van 2002 de periode waarin een vernieuwd inzicht doorbrak. Aan het begin van die periode had ik me toegewijd aan een heel eenvoudige vorm van vasten en aan het dagelijks bidden of God me nieuw zicht op Jezus wilde geven. En dat heeft hij gegeven! Ik werd eraan ontdekt dat het in christelijk geloven gaat om Christus, en om hem alleen. Ik ontdekte de waarheid van de uitspraak: 'Christus is alles' (Kolossenzen 3:11). Ik ontdekte ook dat het niet zozeer gaat om iets wat we van Christus ontvangen (de rechtvaardiging die hij verdiende voor mij, of de heiliging die hij mij door zijn Geest toe-eigent), maar om hemzelf, om Jezus Christus in eigen persoon. Vanaf toen kregen de namen Jezus en Christus voor mij zo'n bijzondere klank. Waar ik vroeger in de Bijbel en in andere boeken wat ongeïnteresseerd over deze namen heen las, zocht ik er nu voortdurend naar. En ik kwam tot de ontdekking hoezeer het Nieuwe Testament en speciaal de brieven van Paulus volledig beheerst worden door de kostbare en wonderbare namen van de Zoon van God: Jezus Christus. De Bijbel werd voor mij nu - eigenlijk voor het eerst - een open boek, een verrassend boek, een levend boek, omdat ik er Jezus in vond, de levende en sprekende Heer.

Ik heb het ervaren als een volkomen nieuw begin. Ik weet nog de dag waarop ik een map maakte om allerlei artikelen, die ik van internet haalde of die ik kopieerde uit boeken, op te bergen. Op de voorkant zette ik: 'CHRISTUS en de gemeenschap met Hem - theologische en spirituele kern van christelijk leven en (s)preken.' Dat was een markeringspunt in een proces dat achteraf gezien al veel langer geleden begonnen was. Zo schreef ik al in 1996 een meditatie met deze titel 'Christus in mij' waar heel deze thematiek aan de orde kwam. Toch kreeg dat in 2002 allemaal een verdieping die er eerder niet was.

Toen ik daarover eens iets vertelde in een preek - het was in Middelstum - kwam er na afloop van de dienst een broeder naar me toe, ongeveer van mijn leeftijd, en hij zei: 'Ik heb Christus een paar jaar geleden ook mogen ontdekken. En weet je: het wordt alleen maar mooier.' En dat is waar: het wordt alleen maar mooier! Het wordt alleen maar mooier! Zo ontdekte ik in de loop van de erop volgende jaren dat er iets is wat nog boven de gemeenschap met Christus uit gaat: de glorie van Christus! In Jezus Christus, Gods geheimenis, is een oneindige rijkdom en volheid van heerlijkheid verborgen. Door het werk van de Geest kunnen we daarvan steeds meer gaan zien, met de ogen van ons hart. Ik kan er nog vele bladzijden verder over schrijven, maar daarvoor zijn deze bladzijden niet bedoeld. Ik wil nu alleen maar dat je iets proeft van de verrassing, de ontdekking, de vernieuwing die me overkomen is.

Overigens wordt die ontdekking ook wel eens aangevochten. Bijvoorbeeld als mensen zeggen: 'Het is Jezus voor en na, maar waar blijven de Vader en de Geest?' Daar kunnen zelfs gevaarlijk klinkende woorden als 'Jesulatrie' en 'Christomonisme' aan verbonden worden. Maar dan denk ik altijd aan de passie waarmee de Vader zijn Zoon verheerlijkt (Matteüs 17:5): Christus is Gods oogappel, en juist daarom mag ik als kind van de Vader ook enorm veel, misschien zelfs wel buitensporig veel bewondering hebben voor zijn eniggeboren Zoon. En ik denk ook aan de vurigheid waarmee Paulus, Jezus' apostel, spreekt over zijn gegrepen zijn door Christus (Filippenzen 3:7-14). Passie hebben voor Christus is bijbels gezien de normaalste zaak van de wereld!

Toch hebben vragen die gesteld worden rond de schijnbaar eenzijdige aandacht voor Christus Jezus me er wel toe gebracht om in de opbouw van dit 33-dagenboek mijn uitgangspunt te kiezen in de Drie-eenheid van God. Tussen de eerste drie dagen en de laatste drie dagen liggen namelijk drie keer negen dagen die respectievelijk zijn geschreven vanuit het perspectief van de Vader, de Zoon en de heilige Geest. Zo wil ik onze God in al zijn heerlijke volheid eren.

Maar staan blijft ook dat ik deze drie-enige God alleen door Jezus Christus leer kennen. Daarom schuift de Drie-enige hem om zo te zeggen ook steeds weer naar voren: Kijk naar hem! Luister naar hem! Want de woorden die Christus spreekt zijn altijd weer nieuw en vernieuwend. En je raakt op Christus ook nooit uitgekeken: hij is altijd weer groter en liefdevoller en radicaler en helderder en zachtmoediger en geduldiger en warmer en wijzer en confronterender en gehoorzamer en sterker en zwakker en goddelijker en menselijker dan ik dacht.

Zo vormt sinds 2002 in mijn persoonlijke leven en in mijn bediening als predikant de persoon van Jezus Christus het middelpunt. 'Christus Centraal!' Zo formuleer ik dat op zijn kortst. Ik vermoed dat er maar weinig gelovigen zijn die daar bezwaren tegen maken. Toch is het mijn ervaring dat zo'n uitspraak iets plichtmatigs kan krijgen en geen werkelijk inhoudelijke uitwerking krijgt. Maar voor de opbloei van het persoonlijke geloofsleven en van het leven in de gemeente van Christus is deze radicale en inhoudelijke concentratie op Jezus de enig begaanbare weg. Hij zegt het zelf ook: 'Ik ben de weg' (Johannes 14:6).

Later formuleerde ik als mijn persoonlijke missie: 'Mensen bij Jezus brengen, te beginnen bij mezelf'. Dat is wat ik wil, ook met dit boek. Ik wil jou bij Jezus brengen, en tegelijk besef ik dat ik zelf ook steeds opnieuw bij hem moet worden gebracht. Daarin ben ik samen met jou helemaal afhankelijk van het werk van de Geest van God: hij opent de ogen van ons hart voor Jezus, hij leert ons om in hem te geloven en op hem te vertrouwen.

Tot zover wat ik te vertellen heb over mijn ontdekkingstocht. Nu jij ook aan een ontdekkingstocht gaat beginnen, wil ik je graag nog een paar leesaanwijzingen geven. Allereerst zou ik je willen vragen om een keuze te maken, namelijk om je er bewust voor open te stellen dat God dit boek in jouw leven wil gaan gebruiken om Jezus (beter) te leren kennen. Het is in elk geval mijn gebed dat Gods Geest door de woorden en zinnen van dit boek heen jouw ogen en jouw hart (nog meer) zal openen voor Christus in al zijn grootheid en goedheid.

Misschien wil je hieronder opschrijven wat jouw persoonlijke gebed is, nu je dit boek gaat lezen:

Verder is het belangrijk om je voor te nemen in de komende weken elke dag tijd te reserveren om een hoofdstuk te lezen, erover na te denken en te bidden. Misschien dat je wat hebt aan de volgende handreiking om die tijd in te vullen:

Bidden

Bid om de heilige Geest, want alleen hij kan je in de waarheid leiden en je hart openen voor het Woord van God.

Lezen

Lees het hoofdstuk dat die dag aan de beurt is een keer rustig door. Zoek teksten die genoemd worden op in je Bijbel en onderstreep ze eventueel.

Mediteren

Lees als je dat wilt het hoofdstuk nog een keer, en als je gedachten ergens blijven haken, denk daar dan verder over door en vraag de heilige Geest wat hij je duidelijk wil maken.

Doen
Bij elke dag staat ook iets aangegeven wat je zou kunnen doen. Want onder de lezers van dit boek zijn misschien ook wel veel mensen praktisch ingesteld. Ik hoop dat de handreiking die ik doe je helpt.

Leren
Voor elke dag staat er een kerntekst uitgeschreven. Leer deze zo uit je hoofd dat de tekst in je hart komt. Draag deze tekst een dag lang met je mee.

Bidden
Aan het einde van elk hoofdstuk staat er ook een kort gebed. Bid de woorden van dat gebed (dat kan ook hardop) en laat deze woorden het begin vormen van een eigen gebed, of van een moment van stil zijn in de aanwezigheid van je hemelse Heer. Je kunt ook elke dag afsluiten met het volmaakte gebed dat Jezus ons zelf heeft geleerd: 'Onze Vader die in de hemel is...' Zo bid je in verbondenheid met al Gods kinderen.

Ik benadruk nog maar een keer dat je niet verplicht bent dit boek in precies 33 dagen door te lezen. Misschien ben je iemand die snel leest, en ook snel verwerkt wat je leest. Dan kun je dit boek in minder dan 33 dagen lezen. Misschien ben je iemand die het heerlijk vindt om een paar dagen lang bij een bepaald hoofdstukje stil te staan om wat je daar leest steeds dieper binnen te laten komen. Doe dat dan gerust.

Het maakt dus niet zo veel uit hoelang je met dit boek bezig bent. Kies het tempo dat bij je past. En als je er een dag of meerdere dagen niet aan toekomt om te lezen, voel je dan niet schuldig, maar ga gewoon verder waar je gebleven was. Ontvang alle tijd die je kunt besteden aan het lezen als een cadeau van Gods Geest.

Nadat ik dat allemaal gezegd heb, wil ik toch ook nog de volgende wijsheid met je delen: je conditie gaat nooit vanzelf vooruit, wel vanzelf achteruit. Zo werkt dat met je lichamelijke conditie: daar moet je tijd en energie in steken. En als je geestelijk wilt groeien in je kennis van en verbondenheid met Christus, leer dan ook om vol te houden en steeds weer te beginnen. Dat mag ook wel wat kosten: tijd, geestelijke energie, denkkracht, gebed.

En bedenk dan altijd: bij de Geest van God is meer dan genoeg genade voor jouw geestelijke groei. Die genade ligt allang voor je klaar. Je hoeft alleen nog je handen open te doen en omhoog te houden om die genade te ontvangen.

DEEL 1

Niemand is als hij

Jezus Christus verdient alle eer. In hem vinden we alles wat we nodig hebben. In hem alleen. Want er is niemand zoals hij. Hij is absoluut uniek. De meest boeiende persoon die ooit heeft geleefd, God en mens tegelijk. En hij leeft nog!

DAG 1

De naam die elke naam te boven gaat

Een naam is meer dan een etiket. Helemaal in de wereld van de Bijbel is dat het geval. Maar we weten het ook uit eigen ervaring. Als je op iemand verliefd bent, dan spreek je zijn of haar naam niet zomaar uit, maar dan zie je iemand voor je die van alles in jou losmaakt. Een naam is meer dan een etiket en het noemen van een naam is meer dan het tot klinken brengen van een lettercombinatie.

In de Bijbel staat een naam voor iemands wezen. Zo is dat ook met God. Hij laat zichzelf Jahweh noemen: 'Ik ben die er zijn zal'(Exodus 3:14). Dat is dus niet maar een boeiende lettercombinatie (JHWH), maar het zegt iets over het diepste van God. En dan stuiten we al direct op het geheim van God. Want wees eerlijk: 'Ik ben die er zijn zal', dat klinkt toch behoorlijk mysterieus! Je zou haast zeggen: wat zegt dat eigenlijk? Het zegt in elk geval dit: denk niet dat je God in een definitie kunt vangen. Hij is zo volkomen zichzelf, dat hij met niets en niemand te vergelijken is.

Toch is de Bijbel vervolgens ook heel scheutig met beelden en woorden die ons iets vertellen over de God die zichzelf Jahweh laat noemen. Hij is een rots, een herder, een zon, een schild, een psalm, de Eeuwige, de Vader, de Koning. En zo kan ik nog een hele tijd doorgaan. Stuk voor stuk vormen deze beelden een nadere toelichting bij de ene naam.

En nu zegt het Nieuwe Testament over Jezus dat God 'hem de naam geschonken heeft die elke naam te boven gaat' (Filippenzen 2:9). Want de God die we in het Oude Testament leren kennen als Jahweh, heeft zich in het Nieuwe Testament geopenbaard in Jezus. En dat is zó bijzonder: dat de eeuwige God, die in een ontoegankelijk licht woont (1 Timoteüs 6:16), uit dat licht naar voren stapt in de gestalte van een mens: Jezus. Hoe bijzonder vind jij dat eigenlijk?

Sinds ik weet dat God aan zijn Zoon de naam boven alle naam heeft gegeven, kan ik die naam alleen nog maar met heel veel eerbied en bewondering, met heel veel liefde en ontzag uitspreken: Jezus! Ik weet wel dat het in de tijd van de Bijbel een vrij gewone jongensnaam was. Maar dat is dan toch niet meer zo sinds de Zoon van God deze naam draagt, voor eeuwig.

Misschien denk je wel dat de naam Jezus eigenlijk vooral betrekking heeft op de Zoon van God toen hij mens was op aarde. En dat in de naam Christus veel meer zit dan in Jezus. Zo heb ik het in elk geval wel lange tijd gezien: wie spreekt over Jezus is al gauw een beetje oppervlakkig, wie het heeft over Christus heeft meer diepgang. Maar ook als Jezus al lang in heerlijkheid is opgenomen om te zitten aan de rechterhand van zijn Vader, gebruikt het Nieuwe Testament ongedwongen en vol ontzag die ene naam Jezus (bijvoorbeeld: Filippenzen 2:10, Romeinen 3:26 en 10:9; 1 Korintiërs 12:3; 2 Korintiërs 4:10; Efeziërs 4:21; 1 Tessalonicenzen 1:10; Hebreeën 3:1-2 en 12:2; Openbaring 1:9).

Want de naam Jezus voor de verheerlijkte Zoon van God doet niet onder voor de naam Jahweh voor de heerlijke God, die zo ongelooflijk zichzelf is en blijft. Gebruik de naam Jezus dus vrijmoedig en eerbiedig, niet als een etiket, een toevallige lettercombinatie, maar als de naam die boven elke naam uit gaat, die tot uitdrukking brengt dat hij jouw redder is! Want: 'door niemand anders kunnen wij worden gered, want zijn naam is de enige op aarde die de mens redding biedt' (Handelingen 4:12).

Zoals de naam Jahweh, die een geheimenis in zich bergt, open gaat in vele andere bijbelse beelden en begrippen, zo heeft ook Jezus in de Bijbel talloze namen die elk voor zich iets uitzeggen over wie hij is. En ik zou graag willen dat je die namen leerde kennen en leerde spellen. Want Jezus ontdekken, dat kun je het beste doen door te beginnen met onder de indruk te raken van de veelheid van namen waarmee Hij aan ons wordt voorgesteld in de Bijbel.

Om te doen

Hieronder heb ik zeven maal zeven namen verzameld, betrekkelijk willekeurig, want er zijn er nog veel meer. Noem ze allemaal hardop en probeer elke naam te onderstrepen met telkens een andere kleur. Ik hoop dat je er zo al doende al iets van ontdekt hoe veelkleurig en veelzijdig Jezus Christus is.

almachtige | amen | apostel van ons geloof | beeld van God | begin en het einde | begin van Gods schepping | bemiddelaar tussen God en mensen | brood dat leven geeft | de deur voor de schapen | eerstgeborene van de doden | eeuwige vader | enige Zoon van God | goddelijke held | Gods kracht | Gods wijsheid | goede herder | Heer van alle mensen | heerser over de vorsten van de aarde | heilige | hoeksteen | hogepriester | hoofd van de kerk | hoop | koning | laatste Adam | lam van God | leeuw uit de stam Juda | levende steen | licht van de wereld | Mensenzoon | nakomeling van David | opstanding | pleitbezorger | profeet | redder | rots | schepper | stralende morgenster | trouwe en betrouwbare getuige | verzoening voor onze zonden | vorst van de volken | vredevorst | waarheid | ware wijnstok | weg | wijsheid van God | wonderbare raadsman | woord van God | zon die stralend opgaat

Om te leren

Daarom heeft God hem hoog verheven en hem de naam geschonken die elke naam te boven gaat, opdat in de naam van Jezus elke knie zich zal buigen, in de hemel, op de aarde en onder de aarde, en elke tong zal be-

lijden: 'Jezus Christus is Heer,' tot eer van God, de Vader (Filippenzen 2:9-11).

Om te bidden

Heilige Vader in de hemel, wat is het mooi om te ontdekken dat u aan uw Zoon de naam hebt gegeven die elke naam te boven gaat. Dat u blijkbaar zó trots op hem bent. Wilt u mij leren om in die ene naam en in de vele namen de heerlijkheid te ontdekken van Jezus, uw zo geliefde Zoon. Open daarvoor door uw Geest mijn verstand en mijn hart. Uit genade. Amen.

DAG 2

Christus is alles

Op de weg die voor mij uiteindelijk leidde tot de ontdekking van Christus in al zijn grootheid, is er een Bijbeltekst geweest die een belangrijke rol speelde. Dat was Kolossenzen 3:11. Ik kwam op het spoor van dat Bijbelwoord door een preek die ik las van Charles Haddon Spurgeon, een Engelse opwekkingsprediker uit de negentiende eeuw. Boven die preek stond, in het Engels: 'Christ is All'. En daaronder stond een verwijzing naar de genoemde tekst uit Kolossenzen. Die verwijzing verbaasde me. Want ik had de uitspraak 'Christus is alles' zo eigenlijk nog nooit gehoord, laat staan dat ik die in de bijbel was tegengekomen.

Dus ik ben het toen haastig gaan nakijken. En het klopte. Je moet inderdaad even zoeken, want het is zo'n echt lange Paulus-zin. Hij is de Kolossenzen aan het vertellen over het nieuwe leven en wat daarvoor nu kenmerkend is. En dan gaat het over vernieuwd worden naar het beeld van de schepper en dat het er dan niet meer toe doet of je een Griek bent of een Jood, een slaaf of een vrije, een man of een vrouw, een Nederlander of een Amerikaan, een werkgever of een werknemer, oud of jong en ga zo maar door. Maar, zegt Paulus dan: '...dan is Christus alles in allen'. Daar staat het dus: 'Christus alles'!

Dat is een sterke uitdrukking, die je even op je in moet laten werken. Het laat in ieder geval ook iets zien van de enorme passie die Paulus heeft voor zijn Heer. In de brief aan de Filippenzen spreekt hij daar ook zo sterk over: 'Het kennen van Christus Jezus, mijn Heer, overtreft immers alles. Omwille van hem heb ik alles prijsgegeven; ik heb alles als afval weggegooid. Ik wilde Christus winnen' (Filippenzen 3:8).

Misschien kun je het ook zien als een liefdesverklaring van Paulus. Een liefdeslied zelfs. Zo bestaat er een Engelse popsong waarin deze regel steeds terugkeert: 'You are everything and everything is you!' Onmiskenbaar een love-song. Paulus zingt ook een liefdeslied voor Christus, zijn geliefde: 'U bent alles en alles bent u!'

Maar dat dat voor Paulus werkelijkheid is, is nog niet eens het belangrijkste. Het is werkelijkheid omdat de Bijbel het zegt. Misschien klinkt het je wel wat overdreven in de oren, dat Christus alles is. Maar daarom is het nog niet minder waar. En Paulus kan het zeggen omdat Jezus zelf heeft gezegd: 'Alles is mij toevertrouwd door mijn Vader' (Matteüs 11:27). Alles dus. Dus alles wat wij van God willen ontvangen, moeten we zoeken bij Jezus, omdat de Vader het aan zijn Zoon heeft gegeven. Bij dat alles moet je dan denken aan bijvoorbeeld: liefde, aanvaarding, vergeving, heiliging, rust, kracht, wijsheid, gerechtigheid. Dat alles en nog veel meer kun je vinden bij Christus.

Maar het is niet los verkrijgbaar. Je ontvangt het alleen als je bij hem komt, als je in gemeenschap met Christus leeft. Jezus zegt dan ook: 'Kom naar mij, jullie die vermoeid zijn en onder lasten gebukt gaan, dan zal ik jullie rust geven (Matteüs 11:28). Het gaat dus om Jezus zelf. Om hem persoonlijk. Jezus Christus is in eigen persoon alles wat we nodig hebben. Dat komt ook zo mooi tot uitdrukking in deze uitspraak: 'Door hem bent u één met Christus Jezus, die dankzij God onze wijsheid is geworden' (1 Korintiërs 1:30). Er staat dus niet dat Christus ons die wijsheid gééft. Er staat dat hij onze wijsheid ís.

Christus is dus alles. Je zou het zelfs als één van zijn vele namen kunnen zien. Zoals Hij zei: 'Ik ben de ware wijnstok' (Johannes 15:1), 'Ik ben de weg, de waarheid en het leven' (Johannes 14:6) en 'Ik ben de deur voor de schapen' (Johannes 10:7), zo zou hij ook gezegd kunnen hebben: 'Ik ben alles'!

En die woorden van Jezus wil ik me steeds meer toe-eigenen. Die naam van Jezus wil ik blijven spellen. Want er zijn zoveel dingen in mijn leven die alles voor me kunnen worden: mijn werk, mijn hobby's, mijn huis, mijn tuin, mijn vakantie, mijn gezin, mijn verdriet of mijn gekwetstheid. Maar Christus wil alles zijn.

En ik zal, geleid door de heilige Geest, steeds meer ontdekken dat ik echt alles heb, als ik Christus heb. Wat wil een mens nog meer? Als ik wijsheid wil, en ik heb Christus, dan heb ik alle scahtten van wijsheid en kennis want die liggen in hem verborgen (Kolossenzen 2:3). Als ik volmaaktheid wil, en ik heb Christus, dan ben ik in Gods ogen het meest mooie en volmaakte schepsel, een nieuwe schepping (2 Korintiërs 5:17). Als ik gerechtigheid wil, en ik heb Christus, dan heb ik in hem mijn gerechtigheid (1 Korintiërs 1:30). Als ik rust zoek, en ik heb Christus, dan ben ik in hem mijn rust (Matteüs 11:28). Als ik liefde zoek, en ik heb Christus, dan mag ik me de meest beminde mens ter wereld weten (Johannes 15:9). Als ik Christus heb, heb ik alles. Want Christus is alles!

Om te doen

Het is goed om nu voor jezelf na te gaan of je dit allemaal mee kunt maken en na kunt zeggen. Het is misschien wat confronterend, maar maak hieronder eens een keuze:

Jezus Christus is voor mij:

- ☐ niets
- ☐ iets
- ☐ veel
- ☐ alles

Om te leren

U hebt de nieuwe mens aangetrokken, die steeds vernieuwd wordt naar het beeld van zijn schepper en zo tot inzicht komt. Dan is er geen sprake meer van Grieken of Joden, besnedenen of onbesnedenen, barbaren, Skythen, slaven of vrijen, maar dan is Christus alles in allen (Kolossenzen 3:11).

Om te bidden

Jezus Christus, u bent alles. Zo leert Gods Woord mij dat. Geef dat ik dat steeds meer mag gaan geloven, en zien, en beleven. Zonder u ben ik de armste van alle mensen. Met u ben ik zo ongelooflijk rijk. U bent mijn schat. U bent mijn kracht. U bent mijn rust en ruimte. U bent mijn weg en mijn leven. U bent mijn alles. Amen.

DAG 3
Eeuwig dezelfde

We leven in een wereld waarin ontzettend veel in beweging is. Het enige wat niet verandert, is dat alles verandert. Dat geldt nu nog veel sterker dan bijvoorbeeld een eeuw of nog langer geleden. Toen was er ook wel beweging, maar het ging allemaal veel minder snel.

Ook in je eigen leven is er voortdurend veel in beweging. Je wordt ouder (elk jaar weer een beetje) en hopelijk wijzer. Er gebeuren dingen in je familie. Je raakt werkeloos of je wordt ziek. Je gaat verhuizen. Je kerk is niet meer zoals een aantal jaren geleden. En soms voel je je een vreemde ten opzichte van anderen in een oudere of een jongere generatie. En hoe dynamisch je zelf ook mag zijn (misschien houd je wel enorm van alle veranderingen, want dat houdt het leven spannend), ten diepste zoeken we allemaal ook een rustpunt, een plek waar je op adem kunt komen omdat je er vastheid en zekerheid vindt.

Lees tegen die achtergrond eens wat de Bijbel zegt: 'Jezus Christus blijft dezelfde, gisteren, vandaag en tot in eeuwigheid' (Hebreeën 13:8). Bij alles wat wisselt en bij alles wat aan verandering onderhevig is, is Jezus Christus dus altijd dezelfde, de eeuwig betrouwbare.

Je zou nog even kunnen denken: is dat niet heel saai en eentonig, om altijd dezelfde te zijn? Is het niet saai en eentonig om te geloven in een Zoon van God die nooit verandert? Raak je op zo'n Christus dan misschien niet een keer uitgekeken? Nee dus! Want de onveranderlijke Christus is altijd weer zo verrassend en zo veelkleurig. Mag ik proberen je dat duidelijk te maken aan de hand van het volgende bijbelse portret van Gods Zoon?

Jezus Christus is degene die, al voordat de sterren er waren, mensen zoals jij en ik liefhad met een eeuwige liefde. Hij was er bij toen deze woorden klonken: 'Er moet licht komen' (Genesis 1:3). Hij is het van wie Job eens uitriep: 'Ik weet: mijn redder leeft' (Job 19:25). Door Jesaja is over hem gezegd: 'Hij was het die onze ziekten droeg, die ons lijden op zich nam' (Jesaja 53:4).

Jezus Christus is het die werd geboren in een stal: hij leek op zijn aardse moeder en toch oneindig veel meer op zijn hemelse Vader. Hij timmerde in Nazaret. 'Hij die de gestalte van God had, hield zijn gelijkheid aan God niet vast, maar deed er afstand van. Hij nam de gestalte aan van een slaaf en werd gelijk aan een mens' (Filippenzen 2:6-7).

Deze Jezus, die gisteren en vandaag dezelfde is en tot in eeuwigheid, deed mensen versteld staan toen blinden zagen en lammen liepen. Zijn woorden waren zo krachtig en gezaghebbend. 'De tijd is aangebroken, het koninkrijk van God is nabij: kom tot inkeer en hecht geloof aan dit goede nieuws' (Marcus 1:15). En: 'Kom, volg mij!' En de mensen gingen. Hij kwam niet voor rechtvaardigen maar voor zondaars. Hij waste de voeten van zijn leerlingen, een werkje waar wij onze neus voor ophalen.

Deze Jezus Christus, die gisteren en vandaag en tot in eeuwigheid dezelfde is, gaf zijn leven aan het kruis op Golgota om jou en mij in de vrijheid te zetten. En hij zei ook nog: 'Ik noem jullie geen slaven meer; vrienden noem ik jullie' (Johannes 15:15). Deze Christus, altijd dezelfde, is nog steeds degene die komt voor zondaars en niet voor rechtvaardigen. Zijn bloed heeft eeuwigheidswaarde. En zijn Geest is nog net zo volop aanwezig als op de eerste Pinksterdag, toen hij met bakken uit de hemel werd uitgestort. Nog steeds zegt dezelfde Jezus Christus: 'Zonder mij kun je niets doen' (Johannes 15:5). En ik hoor hem ook zeggen: 'Maar mét mij kun je alles!' En als het gaat om het verkondigen van zijn naam, dan geldt nog altijd: 'Wij zijn de wierook die Christus brandt voor God, zowel onder hen die worden gered als onder hen die verloren gaan. Voor de laatsten is het een onaangename geur die tot de dood leidt, voor de eersten een heerlijke geur die leven schenkt' (2 Korintiërs 2:15-16).

Jezus Christus, gisteren, vandaag en eeuwig dezelfde, hij klopt aan de deur van onze levens, want hij wil binnenkomen. En de handen die hij zegenend omhoog hield toen hij naar de hemel ging, die handen met die spijkerwonden, zijn de handen die nog altijd zegenend om ons heen zijn. Hij is koning in de hemel aan de rechterhand van God en tegelijk de Heer van ons hart, als we in hem geloven.

Jezus Christus is Gods geheimenis en alle schatten van wijsheid en kennis liggen in hem verborgen. Hij is het licht van de wereld. Hij is de fontein van levend water. Hij is de stralende morgenster. Hij is Gods alles. Hij zal terugkomen op de wolken op de dag die God al lang in gedachten heeft. Hij verlangt ernaar om al Gods kinderen voor wie hij leefde en stierf en opstond te ontmoeten op een nieuwe aarde en in een nieuwe hemel. Want hij heeft ons lief met dezelfde liefde waarmee hij ons liefhad al voordat de sterren er waren…

Zou je op deze onveranderlijke Christus uitgekeken raken? En zou je bij deze Jezus, temidden van alles wat steeds maar verandert, niet heel veel vastheid en zekerheid kunnen vinden? Ik in elk geval wel (met vallen en opstaan): aan een Christus die nooit verandert en die toch altijd weer anders is dan ik dacht, vertrouw ik me graag toe. En jij?

Om te doen

Het bijbelse portret dat ik hierboven aan je gaf is verre van volmaakt. Er is nog zoveel meer te vertellen over de eeuwig onveranderlijke Christus. Wat hoort voor jou in ieder geval ook nog thuis in zo'n bijbels portret?

Om te leren

Jezus Christus blijft dezelfde, gisteren, vandaag en tot in eeuwigheid (Hebreeën 13:8).

Om te bidden

Heer Jezus Christus, wat bent u geweldig groot en machtig mooi! Hoe kan ik ooit op u uitgekeken raken? Dank u dat u in eeuwigheid dezelfde bent en dat ik bij u, terwijl alles om me heen verandert en ikzelf ook, vastigheid mag vinden en rust en zekerheid. U bent echt een rots in de branding! Amen.

DEEL 2

Sprekend zijn Vader

Als Jezus op aarde is, is hij zo vol van zijn Vader! Heel vaak spreekt hij over hem. Heel vaak spreekt hij met hem. Hij wil niets liever dan zijn Vader verheerlijken en voor ons de weg zijn naar de Vader. En op zijn beurt is de Vader zo vol van zijn Zoon. Ze zijn echt één, die twee!

DAG 4

Vaders lieveling

Een van de manieren waarop we 'het voorbeeld van God' kunnen volgen (Efeziërs 5:1), is gelegen in het liefhebben en hoogschatten van Jezus. Want lezend in de evangeliën ontdek ik dat de hemel in elk geval twee keer open gaat. Dat is niet zo heel erg vaak, zou je kunnen zeggen. Maar juist omdat het zo spaarzamelijk gebeurt, is het wellicht belangrijk om erop te letten wat er dan gezegd wordt.

De eerste keer dat de hemel open gaat, is in Marcus 1. Daar wordt verteld dat Jezus zich in de rivier de Jordaan laat dopen door Johannes. 'Op het moment dat hij uit het water omhoogkwam, zag hij de hemel openscheuren en de Geest als een duif op zich neerdalen, en er klonk een stem uit de hemel: Jij bent mijn geliefde Zoon, in jou vind ik vreugde' (Marcus 1:10-11). We zien hier dus al direct iets van het geheim van de drie-enige God: een stem uit de hemel, een neerdalende duif en een geliefde in het water. Deze geliefde Zoon van God identificeert zich volkomen met de mensen voor wie hij kwam om te leven en te sterven en op te staan: hij ontvangt het teken van de afwassing van de zonden en de opstanding in het nieuwe leven. Paulus schrijft daarover later: 'We zijn door de doop in zijn dood met hem begraven om, zoals Christus door de macht van de Vader uit de dood is opgewekt, een nieuw leven te leiden' (Romeinen 6:4).

De tweede keer dat de hemel open gaat, is in Marcus 9. Daar wordt verteld dat Jezus samen met Petrus, Jacobus en Johannes een berg op is gegaan. Hij heeft hen een paar dagen eerder onderwezen over zijn aanstaande dood: dat hij moest lijden en sterven en weer opstaan. Het lijden zou dus uitlopen op de heerlijkheid. En nu op de berg krijgen de leerlingen daarvan al iets te zien. 'Voor hun ogen veranderde hij van gedaante, zijn kleren gingen helder wit glanzen, zo wit als geen enkele wolwasser op aarde voor elkaar zou kunnen krijgen' (Marcus 9:2-3). En opnieuw gaat de hemel open, tenminste, de schaduw van een wolk valt over hen, en opnieuw klinkt er een stem: 'Dit is mijn geliefde Zoon, luister naar hem' (Marcus 9:7)!

Ik weet niet of het jou ook opvalt, maar de Vader zegt dus op deze twee momenten in het leven van Jezus op aarde precies hetzelfde. Dat moet dus wel belangrijk zijn! Tot twee keer toe, op cruciale momenten, maakt de Vader duidelijk aan iedereen die luistert en meekijkt naar de Zoon: 'Dit is mijn Zoon! Ik houd van hem! In hem schep ik mijn diepste vreugde!' Dat zijn de woorden van een Vader die geweldig trots is op zijn Zoon. Hier spreekt een Vaderhart, vol liefde en vreugde.

De eerste keer dat God dat doet, staat Jezus daar in de Jordaan puur en alleen mens te zijn. Op dat moment is er niets goddelijks aan hem te zien. Maar dat maakt voor de Vader niet uit: 'Van déze man houd ik hartstochtelijk veel. Als ik van íemand geniet, dan is het wel van hem.' De tweede keer dat God zijn Vaderhart laat spreken, staat Jezus daar op de berg in het licht van zijn glorie. De Zoon straalt als de zon! En natuurlijk zijn de leerlingen daarvan immens onder de indruk. Maar zij niet alleen. Ook de Vader in de hemel is onder de indruk van zijn heerlijke Zoon. En nogmaals zegt hij het: 'Jij bent mijn Zoon! Ik houd van jou! Ik geniet met volle teugen van jou!'

Wat moet dat vooral ook voor Jezus een geweldige bemoediging zijn geweest. Beide keren. Helemaal aan het begin van zijn bediening op aarde, want Jezus zal best wel geweten hebben hoezeer hij onder vuur zou komen te liggen. Maar ook tegen het einde daarvan, als het kruis en de dood steeds dichterbij komen. Wat geweldig om dan van je Vader uit de hemel te horen dat je hoe dan ook zijn geliefde bent.

En als ik dan de vraag probeer te beantwoorden waarom Jezus zo belangrijk moet zijn in mijn geloof, en waarom ik vooral naar hem moet kijken en luisteren, dan is het diepste antwoord dat ik kan geven: omdat Jezus Christus voor zijn Váder zo belangrijk is, omdat de Vader zijn Zoon zo eindeloos bemint, omdat de Vader zo intens geniet van zijn Jezus op aarde, God en mens tegelijk, de enige die volmaakt kan doen wat gedaan moet worden: het koninkrijk van vrede, vrijheid en verzoening tussen God en mensen brengen. 'De Vader heeft mij lief omdat ik mijn leven geef, om het ook weer terug te nemen. Niemand neemt mijn leven, ik geef het zelf. Ik ben vrij om het te geven en om het weer terug te nemen – dat is de opdracht die ik van mijn Vader heb gekregen.' (Johannes 10:17-18).

Om te doen

Er bestaat ook op aarde geen intensere band dan die tussen een vader of moeder en zijn of haar kind. Probeer je dat eens voor te stellen. Pak er een foto bij. Of misschien zie je, als je van dit boek opkijkt, wel iemand met wie je je intens verbonden weet. Voel je ongeveer hoe dat voelt? Zo ongeveer, maar dan veel groter en volmaakter, houdt onze hemelse Vader van zijn Zoon Christus.

Om te leren

Jij bent mijn geliefde Zoon, in jou vind ik vreugde. (Matteüs 17:5).

Om te bidden

Hemelse Vader, in de naam van Jezus kom ik bij u en heel graag wil ik, net als u, vol bewondering en vreugde zijn voor de Zoon van uw liefde. U houdt zoveel van hem! Als u naar hem kijkt dan springt uw Vaderhart van vreugde op. Als kind van u wil ik ook steeds meer leren genieten van hem, die u voor ons allemaal gegeven hebt. Wilt u me door de heilige Geest laten groeien in de aanbidding van Jezus? Amen.

DAG 5

Tot eer van God de Vader

Er is een Bijbelwoord dat voor mij de basis vormt van mijn werk als predikant. Een soort kristallisatiekern, een focus: hier wil ik altijd weer beginnen en hier wil ik altijd weer uitkomen. Het is dit woord: 'Daarom heeft God hem hoog verheven en hem de naam geschonken die elke naam te boven gaat, opdat in de naam van Jezus elke knie zich zal buigen, in de hemel, op de aarde en onder de aarde, en elke tong zal belijden: 'Jezus Christus is Heer,' tot eer van God, de Vader' (Filippenzen 2:9-11).

Het bijzondere vind ik hier, dat God alle eer aan zijn Zoon Jezus geeft: hij wordt door hem verhoogd, hij ontvangt van hem de naam die elke naam te boven gaat, hij wil dat iedereen in de naam van Jezus knielt en dat iedereen die naam belijdt. Jezus Christus is Heer! Maar juist daarin wordt de Vader verheerlijkt.

Mensen vragen wel eens: als je zoveel aandacht vraagt voor Christus, de Zoon, gaat dat dan niet ten koste van de Vader? Dan denk ik altijd aan de schaatskampioenschappen die ik eens op de televisie zag. Ik weet geen naam meer (want eigenlijk interesseert de schaatssport me helemaal niet), maar wat ik wel onthield is dat de vader van de schaatskampioen ook op het ijs was. En alle aandacht ging natuurlijk uit naar zijn zoon: die was immers kampioen geworden. Wat juichten de mensen op de tribune geweldig hard voor hem! En wat denk je: liep de vader daar op het ijs wat te mokken omdat hij geen aandacht kreeg? Natuurlijk niet: hij straalde als geen ander, want hij was onvoorstelbaar trots op zijn zoon. En er was geen haar op zijn hoofd die eraan dacht: ze mogen mij ook wel een beetje aandacht geven. Want de eer die zijn zoon te beurt viel, was ook eer voor hem.

Nou, zo stel ik me dat ook voor bij God de Vader en zijn Zoon. De Vader vindt het heerlijk als zijn Zoon alle eer en heerlijkheid ontvangt. Want daarin wordt Hij zelf ook geëerd. Ik denk dat dat ook de betekenis is van deze uitspraak van Jezus: 'Wie de Zoon niet eert, eert ook de Vader niet die hem gezonden heeft.' (Johannes 5:23).

En tegelijk: de Zoon wil op zijn beurt weer niets liever dan zijn Vader verheerlijken. Dat zie je voortdurend terug in vooral het evangelie van Johannes. Steeds weer wijst Jezus erop dat hij door de Vader gezonden is, en dat hij alleen kan doen wat de Vader hem zegt. Ook maakt hij duidelijk: 'Wanneer ik mezelf zou eren, zou mijn eer niets betekenen, maar het is de Vader die mij eert, de Vader van wie u zegt dat hij onze God is' (Johannes 8:54). En: 'Wie mij dient moet mij volgen: waar ik ben zal ook mijn dienaar zijn, en wie mij dient zal door de Vader geëerd worden.' (Johannes 12:26). Zo richt de Zoon de ogen van ons hart voortdurend op zijn Vader. Want Hij heeft zijn Vader lief met een eindeloze liefde zoals de Vader zich in zijn Zoon verheugt met een eindeloze vreugde.

En als Jezus, vlak voordat hij de weg naar het kruis opgaat, in gebed is, vat hij zijn voltooide missie op aarde zo samen: 'Ik heb op aarde uw grootheid getoond door het werk te volbrengen dat u mij opgedragen hebt' (Johannes 17:4). En: 'Ik heb aan de mensen die u mij uit de wereld gegeven hebt uw naam bekendgemaakt' (Johannes 17:6). Als je Jezus wilt leren kennen, zul je dus ook dit moeten ontdekken: dat hij op aarde was zodat wij zijn Vader zouden leren kennen in zijn grootheid.

Jezus wil dat wij goede werken doen om zijn Vader te eren: 'Zo moet jullie licht schijnen voor de mensen, opdat ze jullie goede daden zien en eer bewijzen aan jullie Vader in de hemel' (Matteüs 5:16). Jezus wil dat we veel vrucht dragen om zijn Vader te eren: 'De grootheid van mijn Vader zal zichtbaar worden wanneer jullie veel vrucht dragen en mijn leerlingen zijn' (Johannes 15:8). Jezus maakt de naam van zijn Vader bekend en hij blijft dat doen zodat de liefde van de Vader in ons is: 'Ik heb hun uw naam bekendgemaakt en dat zal ik blijven doen, zodat de liefde waarmee u mij liefhad in hen zal zijn en ik in hen' (Johannes 17:26).

Zo wordt duidelijk dat Jezus zich volledig richt op de Vader. Het gaat hem om zijn eer, om zijn grootheid, om zijn wonderbare naam. Maar tegelijk kunnen we die eer voor de Vader niet anders vorm geven dan door ons te richten op de Zoon. Want de Zoon maakt ons vertrouwd met de Vadernaam en de Vaderliefde die in ons woont, heeft de gestalte van Christus.

Als ik daar lang over nadenk, begrijp ik er steeds minder van. Gaat het nu om de Vader of gaat het nu om de Zoon? Misschien is dat ook wel helemaal geen goede vraag. Want het gaat om een geheim: de onverbrekelijke eenheid van een Vader met zijn Zoon, een Zoon met zijn Vader. Als ik de één eer, komt de ander nooit tekort.

Om te doen

Eer de Vader van de Zoon door voor jezelf eens te bedenken wat kenmerkend is voor goede vaders en te benoemen wat de Vader betekent voor zijn Zoon Jezus.

Om te leren

God heeft hem hoog verheven en hem de naam geschonken die elke naam te boven gaat, opdat in de naam van Jezus elke knie zich zal buigen, in de hemel, op de aarde en onder de aarde, en elke tong zal belijden: 'Jezus Christus is Heer,' tot eer van God, de Vader (Filippenzen 2:9-11).

Om te bidden

Vader in de hemel, in de naam van uw Zoon wil ik u eren en loven. Wat bent u groot en machtig en liefdevol. Wat is het geweldig dat u uw Zoon hebt gegeven voor mij, en dat Jezus zo vol lof is over u. Dank u voor wie u bent als Vader: voor uw zorgzaamheid, uw liefde, uw trouw, uw geduld. Dank u dat ik door het kruis van Christus uw kind mag zijn! Amen.

DAG 6

Die twee zijn één

'Als ik er lang over nadenk, begrijp ik er steeds minder van: gaat het nu om de Vader of gaat het nu om de Zoon?' Dat las je de vorige dag. Vandaag gaan we daar nog wat verder over nadenken. We gaan proberen iets te zien van de onverbrekelijke, de volmaakte eenheid tussen de Vader en de Zoon.

Een van de sterkste uitspraken die Jezus daar zelf over doet, is deze: 'Wie mij gezien heeft, heeft de Vader gezien' (Johannes 14:9). Dat zegt hij in antwoord op een vraag van zijn leerling Filippus: 'Laat ons de Vader zien, Heer, meer verlangen we niet' (Johannes 14:8). Filippus wil net als de andere leerlingen zijn God en Vader zien. Want zij geloven in de Vader, al van jongs af aan. Hij is hun God. En wat is nu het bijzondere, wat maar niet door lijkt te dringen tot Jezus' leerlingen (en neem het ze eens kwalijk)? Dat ze de Vader allang hebben gezien, omdat ze de Zoon zien! Al die tijd dat ze waren opgetrokken met Jezus, waren hun ogen gericht geweest op de Vader. De leerlingen hadden drie jaren lang Jezus leren kennen, en het kennen van hun meester blijkt nu samen te vallen met het kennen van hun Vader. Dat is wat Jezus nu duidelijk maakt. Alles wat er van God de Vader te kennen valt, ontdekken we door te kijken naar God de Zoon.

We zeggen wel eens dat een vader en zijn zoon of een moeder en haar dochter sprekend op elkaar lijken. Dan bedoelen we vaak het uiterlijk: dezelfde ogen, dezelfde mond, dezelfde handen. En ook innerlijk lijken een moeder en haar dochter en een vader en zijn zoon vaak op elkaar: je ontdekt dezelfde karaktertrekken, dezelfde manier van reageren, hetzelfde loopje. Maar er is ook altijd nog genoeg waarin ze anders zijn, waarin ze van elkaar verschillen (want we hebben nu eenmaal twee ouders).

Maar bij de Vader en de Zoon zijn er geen verschillen: zij lijken zo intens op elkaar! Anders zou Jezus ook nooit gezegd kunnen hebben: 'Wie mij gezien heeft, heeft de Vader gezien.' Dat roept natuurlijk ook wel weer vragen op: God kunnen we niet zien, Jezus wel (in elk geval konden de mensen dat in de tijd dat hij op aarde was), hoe zit dat dan? En de Vader en de Zoon zijn toch ook van elkaar te onderscheiden, anders zouden ze niet Vader en Zoon kunnen heten?

We staan hier voor het diepe geheim van de Drie-eenheid, en nu even iets specifieker van de twee-eenheid van God de Zoon en God de Vader. Ze zijn één en toch ook weer twee. Hier staat ons verstand stil en kunnen we niets anders doen dan vol aanbidding blijven luisteren naar wat Jezus naar waarheid zegt: 'De Vader en ik zijn één' (Johannes 10:30). En: 'Geloof me: ik ben in de Vader en de Vader is in mij' (Johannes 14:11). En als je nu wat tijd hebt, lees dan ook eens Johannes 5:19-47.

Zo ontdekken we dat de Vader in de Zoon is en de Zoon in de Vader. Deze eindeloos intieme gemeenschap maakt dat zij volkomen op elkaar lijken. Echt sprekend. En waar het voor ons als mensen moeilijk is om de uiterlijke overeenkomsten te zien (want we kunnen God niet zien met onze ogen), doen we er goed aan ons te concentreren op de innerlijke overeenkomsten. De Vader en de Zoon denken hetzelfde, voelen hetzelfde, willen hetzelfde, werken op dezelfde manier. De Zoon is net zo rechtvaardig en barmhartig als de Vader, net zo liefdevol, krachtig, groot, heilig, betrokken, almachtig, wijs en goed. Laat dat eens tot je doordringen…

Ik merk dat veel christenen God als het ware buiten Jezus om proberen te kennen. En dat leidt soms tot Godsbeelden waar niet mee te leven valt. Want buiten Jezus om dichten mensen wel eens deze karaktertrekken toe aan de heilige God en Vader in de hemel: streng, hard, oordelend, afstandelijk, willekeurig en onbetrouwbaar. Als ik daarover nadenk, kan ik soms wel huilen. Want wat is het verschrikkelijk om met zo'n God te moeten leven.

Maar zo is God dus niet. Onthoud dit goed: als je God wilt leren kennen, moet je bij Jezus zijn. De Vader laat zijn hart spreken in zijn Zoon. Als je de Vader wilt ontmoeten zoals hij werkelijk is, kijk dan naar zijn Zoon. En dat is maar niet een suggestie die je ook wel naast je neer kunt leggen. Het is een gebod van God. Zo wil hij het. Hij wil zichzelf laten zien in Jezus. En denk dus nooit dat je tevéél kunt kijken naar de Zoon, omdat dat ten koste zou gaan van de aandacht voor de Vader. Niets is minder waar. Kijk naar de Zoon en je ziet de Vader: zo liefdevol, zo rechtvaardig, zo barmhartig en zo intens betrokken.

Kijk naar de Zoon! Dán leer je de Vader kennen.

Om te doen

Probeer voor jezelf eens zoveel mogelijk eigenschappen of karaktertrekken te noteren die de Vader en de Zoon gemeenschappelijk hebben.

Om te leren

Wie mij gezien heeft, heeft de Vader gezien. Waarom vraag je dan om de Vader te mogen zien? Geloof je niet dat ik in de Vader ben en dat de Vader in mij is? Ik spreek niet namens mezelf als ik tegen jullie spreek, maar de Vader die in mij blijft, doet zijn werk door mij (Johannes 14:9-10).

Om te bidden

Liefdevolle en rechtvaardige Vader, ik wil u zo graag leren kennen. En nu ben ik u intens dankbaar dat u het door uw Woord vandaag zo duidelijk tegen mij zegt: dat ik u mag leren kennen in uw Zoon Jezus. Leer me om met een hart vol eerbied en bewondering naar hem te kijken, en steeds meer over u te ontdekken. En bewaar me ervoor dat ik denk u te kunnen ontmoeten buiten de Zoon van uw liefde om. Amen.

DAG 7
Zoals een vader liefdevol

Een van de bekendste gedeelten uit de Bijbel is wel de gelijkenis die Jezus vertelt over de verloren zoon. De kans is best groot dat je het verhaal kent, maar neem nu toch even de tijd om het nog eens rustig door te lezen: Lucas 15:11-32.
Dit verhaal staat dus bekend als 'de gelijkenis van de verloren zoon'. Daarbij denken we meestal direct aan de jongste zoon. Hij was verloren want hij had het huis van zijn vader verlaten, had zijn geld verkwist, was terechtgekomen in de modder en was uiteindelijk tussen de varkens tot inkeer gekomen. En dan komt hij thuis, deze verloren zoon, en dan is hij zo ontzettend welkom! Prachtig vind ik dat: onze God is als een vader die geduldig en barmhartig wacht op de thuiskomst van zijn verloren zonen en dochters.

Maar er is ook alle reden om bij 'de verloren zoon' te denken aan de oudste zoon. Hij is thuis gebleven, zoals het hoort. Hij heeft gewerkt, hard gewerkt, ook al zoals het hoort. Maar het is wel een beetje kil allemaal. En als dan de jongste zoon thuiskomt, zijn broer, dan kan er nog geen glimlach vanaf. Want als hij erachter komt dat zijn vader voor zijn broer een feestmaal heeft bereid, dan barst de bom: 'Zoveel jaren heb ik dienst gedaan. Nooit een gebod overtreden. Maar een feest voor mij: ho maar! En nu komt die zoon van u terug, die raddraaier, die wáárdeloze vent, en wat doet u? U slacht het gemeste kalf!' Ziedend is deze zoon. En de goede verstaander ziet dat Jezus hier de Farizeeën en schriftgeleerden een spiegel voorhoudt: aan de buitenkant is het allemaal zo correct en keurig. Maar het is ook koud. Van binnen klopt wel een hart, maar het is niet het hart van een kind, het is het hart van een knecht. Een knecht die rekent: als je hard werkt, verdien je meer. Loon naar werken. En als die regel niet blijkt op te gaan omdat het koninkrijk van God een koninkrijk van genade is, dan is er alleen maar plaats voor bitterheid en boosheid. Vandaar dat we bij die 'verloren zoon' misschien beter kunnen denken aan de oudste zoon uit de gelijkenis. Als hij niet tot inkeer komt, zal hij verloren gaan.

Maar misschien is het nog beter om boven het verhaal te zetten: 'de gelijkenis van de barmhartige vader'. Want de vader staat hier centraal. We zien zijn hart opengaan als zijn jongste zoon weer thuiskomt: 'Zijn vader zag hem in de verte al aankomen. Hij kreeg medelijden en rende op zijn zoon af, viel hem om de hals en kuste hem' (Lucas 15:20). En we zien zijn hart weer opengaan als zijn oudste zoon naar hem toekomt: 'Mijn jongen, jij bent altijd bij me, en alles wat van mij is, is van jou. Maar we konden toch niet anders dan feestvieren en blij zijn' (Lucas 15:31-32).

En stel je nu eens voor dat Jezus later deze gelijkenis had uitgelegd, zoals hij eens de gelijkenis van de zaaier verklaarde voor zijn leerlingen (Matteüs 13:18-23). Ik geloof dat hij dan onder andere het volgende gezegd zou hebben. 'Die jongste zoon, dat zijn de tollenaars en de zondaars. Die oudste zoon, dat zijn de farizeeën en de schriftgeleerden. En die vader, die vader dat ben ik.'

Ik denk dat je bij de vader uit de gelijkenis automatisch denkt aan de Vader uit de hemel. Maar het is beter om in die vader Jezus te ontdekken. Want Jezus wil hier aan de farizeeën en de schriftgeleerden (met hen is hij in gesprek, Lucas 15:1-2) duidelijk maken wie hij is. Hij is als een vader, een barmhartige vader, vol ontferming voor verloren zonen. Hij is als een vader die zijn kinderen, ál zijn kinderen, liefdevol omhelst. Ten diepste is dit verhaal daarom: 'de gelijkenis van de eniggeboren Zoon'.

Sinds ik dit ontdekt heb, sinds ik Jezus heb horen zeggen: 'En die vader, dat ben ik', zing ik ook de berijmde Psalm 103 vers 5 anders:

‘Zoals een vader liefdevol zijn armen
slaat om zijn kind, omringt ons met erbarmen
God onze Vader, want wij zijn van Hem.’

Ik denk dan altijd aan Jezus. Hij is onze vader. En ik vind het zo heerlijk dat de Bijbel de dingen net even anders zegt dan wij het zouden doen. Want ik zou het niet bedenken: de Zoon is de Vader. De Bijbel is soms zo heerlijk tegendraads. En eindelijk begrijp ik ook iets van deze bijzondere uitspraak: ‘Een kind is ons geboren, een zoon is ons gegeven; de heerschappij rust op zijn schouders. Deze namen zal hij dragen: Wonderbare raadsman, Goddelijke held, Eeuwige vader, Vredevorst’ (Jesaja 9:5).

De eniggeboren Zoon is mijn eeuwige vader!

Om te doen

Een van de karaktertrekken van de Vader die we in de Zoon ook zien, is zijn ontferming. Oefen je vandaag eens een paar keer in het met ontferming bewogen zijn (met je kinderen, je ouders, je collega, de bedelaar op straat, je predikant, je buren).

Om te leren

Zo liefdevol als een vader is voor zijn kinderen, zo liefdevol is de HEER voor wie hem vrezen (Psalm 103:13).

Om te bidden

Vader, u bent zo geduldig, zo met ontferming bewogen, zo vol verlangen naar de thuiskomst van uw kinderen. Dank u wel dat ik dat mag geloven omdat ik het in uw Zoon mag zien. Dank u, Jezus, dat ik door geloof niet alleen uw broer en vriend mag zijn, maar me ook uw kind mag weten. Dank u dat u mij nooit verlaat. Dank u dat u mij zoekt en vindt. Amen.

DAG 8

Niemand kan bij de Vader komen dan door mij

Als we willen omgaan met onze Vader in de hemel, dan kan dat nooit buiten zijn Zoon om.

Misschien zeg je daar wel direct van harte ‘ja’ op: zo is het! Toch wil ik daar samen met jou nog wat verder over nadenken. Want ik kom wel eens gelovigen tegen die dat als volgt uitleggen: ‘Omdat Jezus voor onze zonden aan het kruis is gestorven, kunnen wij weer met God omgaan. Op Golgota is de weg naar het huis van de Vader weer open gegaan.’ En hoe waar dat ook is en hoezeer we God ook mogen prijzen omdat hij door Jezus weer onze God en onze Vader wil zijn, toch klopt dit niet helemaal. Want als je het zo zegt, zoals hierboven verwoord, dan zeg je eigenlijk: ‘Toen, op Golgotha, waar Jezus stierf, is de weg naar God weer begaanbaar geworden, en daarom kunnen we nu weer rechtstreeks met God omgaan.’

Maar dat kan niet! Wij kunnen niet rechtstreeks met God omgaan. Jezus zegt het zo: ‘Niemand kan bij de Vader komen dan door mij’ (Johannes 14:6). En dat ‘door mij’ moet je je eens heel concreet proberen voor te stellen. Bijvoorbeeld zo: als je een huis wilt binnengaan, en dat huis heeft maar één deur, dan is die deur de enige toegang tot dat huis (als je niet stiekem door een raam klimt). Niemand komt het huis binnen dan door die ene deur.

Nu is het mooi dat Jezus zichzelf ook een keer de deur noemt: ‘Ik ben de deur: wanneer iemand door mij binnenkomt zal hij gered worden’ (Johannes 10:9). Wordt het je al wat duidelijker? Als wij bij de Vader willen komen, moeten we altijd door de Zoon heengaan! Er is geen andere manier. Dat dat mogelijk is, komt door die eenmalige gebeurtenis op Golgotha, waar Jezus Christus stierf zodat wij zouden leven. Hij kwam, als middelaar, tussen ons en de Vader in staan om de gebroken omgang weer heel te maken.

Alleen, dat middelaar-zijn van Jezus is niet opgehouden toen hij eenmaal was gestorven en weer opgestaan. Dat is dus anders dan in menselijke verhoudingen. Als er tussen twee partijen een conflict is (een arbeidsconflict bijvoorbeeld), dan wordt er vaak een mediator te hulp geroepen. Deze mediator bemiddelt dan tijdelijk tussen de twee partijen, met de bedoeling dat ze zich verzoenen. En als dat eenmaal gebeurd is, is zijn rol uitgespeeld: hij vertrekt. Weg mediator.

Maar zo is het dus niet met Jezus. Hij is niet voor een korte periode de middelaar geweest tussen de Vader en ons, om vervolgens tussen God en ons weg te stappen. Jezus is en blijft zolang we leven onze middelaar. Er is altijd maar één manier om bij God te komen: door Jezus heen. Er is maar één manier om de Vader te leren kennen en met hem om te gaan: door Jezus. Zo heeft de Vader het gewild en zo wil hij het nog altijd.

Als ik het nog even op een iets andere manier mag zeggen, en dan maak ik een onderscheid tussen het werk van Christus en de persoon van Christus: het is niet allereerst zo dat we dankzij het volbrachte wérk van Christus bij de Vader kunnen komen, maar we komen bij hem door de persóón van Christus. Zeker, hij hééft de gerechtigheid voor ons verworven toen hij stierf aan het kruis. Dat was zijn unieke werk. Maar het gaat me nu speciaal hier om: Christus is in eígen persoon onze gerechtigheid (1 Korintiërs 1:30). We moeten niet telkens via Gólgota naar God toe, maar via Chrístus, die op Golgotaa onze gerechtigheid is geworden.

Ik ben me ervan bewust dat het bovenstaande wellicht wat ingewikkelder klinkt dan je in dit boek tot nu toe van me gewend bent. Maar ik geloof wel dat dit heel belangrijk is. Jezus Christus is zelf, in eigen persoon, de enige weg om bij de Vader te komen. Er is geen andere weg. Er is geen andere manier om bij God te komen. We moeten altijd weer, elke dag, ieder moment van ons leven, door Jezus heen naar de Vader toe.

Ik hoop dat je dat begrijpt. En ik hoop ook dat Jezus daardoor nog belangrijker voor je wordt dan hij al was. Want in deze wereld, waarin veel mensen op zoek zijn naar God en waarin velen hem op alle mogelijke manieren zoeken, is er werkelijk maar één deur waardoor we binnen kunnen gaan in de genadige aanwezigheid van God. Dat is Jezus, middelaar tussen God en mensen. Jouw en mijn middelaar. Prijs de Vader om zijn Zoon!

Om te doen

De Bijbel is heel beeldend. Zo ook als Jezus zichzelf de deur noemt. Dat is heel concreet en praktisch ook. Ongetwijfeld ga je vandaag door een heel aantal deuren heen: binnenshuis, als je naar buiten gaat, op je werkplek. Denk bij elke keer dat je door een deur gaat, dat Jezus de enige deur naar God toe is.

Om te leren

'Wij weten niet eens waar u naartoe gaat, Heer, hoe zouden we dan de weg daarheen kunnen weten?' Jezus zei: 'Ik ben de weg, de waarheid en het leven. Niemand kan bij de Vader komen dan door mij' (Johannes 14:5-6).

Om te bidden

Heilige Vader, door uw Zoon Jezus heen kom ik bij u. Wat is hij ongelooflijk belangrijk. Wat is hij onmisbaar. Ik vraag u: leert u mij steeds meer zien en beseffen dat Jezus elke minuut van de dag mijn middelaar is. Dank u, Heer Jezus, voor uw bittere dood aan het kruis waardoor u ons weer toegang gaf tot God. Dank u dat u leeft en de prachtigste weg bent naar onze Vader in de hemel. Dank u. Amen.

DAG 9
Abba, Vader

Een van de belangrijkste dingen die Jezus op aarde deed, was bidden. Hij had het zo nodig om voortdurend in contact te staan met zijn Vader in de hemel. Alleen door hem kon hij zijn werk op aarde aan. Alleen door de voortdurende bemoediging van zijn Vader was Jezus in staat om te doen waarvoor hij gekomen was: mensen winnen voor het koninkrijk van de Vader. Daarvoor kwam hij zijn leven geven om ons het leven in overvloed te geven.

Telkens als Jezus bidt, spreekt hij God aan als zijn Vader. Bijvoorbeeld zo: 'Ik loof u, Vader, Heer van hemel en aarde, omdat u deze dingen voor wijzen en verstandigen verborgen hebt gehouden, maar ze aan eenvoudige mensen hebt onthuld. Ja, Vader, zo hebt u het gewild' (Matteüs 11:25-26). Je proeft hier de intimiteit tussen Vader en Zoon. Ze kennen elkaar door en door en hun omgang is eindeloos intens en vertrouwelijk. En tegelijk spreekt Jezus zijn Vader in het hogepriestelijk gebed ook aan als 'heilige Vader' en 'rechtvaardige Vader' (Johannes 17:11 en 25). Daaruit spreekt ook weer ontzag. Er is tussen Zoon en Vader een ontzaglijke vertrouwelijkheid.

Vandaag staan we speciaal stil bij het moment waarop Jezus zijn Vader niet alleen als 'Vader' aanspreekt, maar ook als 'Abba'. En dan moet je weten dat 'Abba' letterlijk betekent: 'Papa'. Intiemer en vertrouwelijker kan het niet. Het is op een heel diep moment dat Jezus zijn Vader zo aanspreekt, in de hof van Getsemane, vlak voordat hij gevangen genomen wordt om gekruisigd te worden: 'Abba, Vader, voor u is alles mogelijk, neem deze beker van mij weg. Maar laat niet gebeuren wat ik wil, maar wat u wilt' (Marcus 14:36).

In dit bittere moment, als het Jezus te zwaar wordt en hij eronder door dreigt te gaan - in dit diep donkere dal (lees ook Psalm 23) krijgt de biddende omgang tussen de Zoon op aarde en de Vader in de hemel een weergaloze diepte. 'Papa!' In de taal van zijn moeder (het Aramees) schreeuwt de Zoon tot zijn Vader, die alles kan en die dus ook kan beslissen om toch een andere weg te gaan met het oog op de redding van de wereld. Maar dezelfde Abba, Vader bemoedigt de Zoon van zijn liefde om toch de beker te drinken.

En weet je wat ik nu zo mooi vind? Dat de Geest van Jezus deze aanspraak van God ons ook in de mond en in het hart legt. Wij mogen samen met Jezus 'Papa, Vader' zeggen tegen God. Dat leren we in het Nieuwe Testament op twee plaatsen.

Allereerst in deze woorden: 'U hebt de Geest niet ontvangen om opnieuw als slaven in angst te leven, u hebt de Geest ontvangen om Gods kinderen te zijn, en om hem te kunnen aanroepen met 'Abba, Vader'' (Romeinen 8:15). Door Jezus zijn wij niet langer slaven, die angstvallig en vreesachtig tot hun Heer moeten naderen. We zijn kinderen geworden, zonen en dochters van een liefdevolle Vader, die zich er niet voor schaamt een 'Papa' te zijn.

En in een van de brieven van Paulus lezen we: 'En omdat u zijn kinderen bent, heeft God ons de Geest van zijn Zoon gegeven, die 'Abba, Vader' roept' (Galaten 4:6-7). En hier gaat het nog weer wat verder. Want nu zijn wij het niet zelf die roepen: 'Abba, Vader', maar hier roept de Geest van de Zoon die in onze harten is uitgezonden.

Zo mogen we vandaag leren om samen met Jezus en geheel in zijn Geest de weergaloze diepte van de vertrouwelijke omgang met onze hemelse Vader te zoeken. En het mag ons wel wat zeggen dat Jezus juist in het diep donkere dal van Getsemane zijn Vader zo aansprak. In de diepste ellende van het lijden in dit leven wordt God de Vader voor ons een Abba.

Misschien is er in jouw leven wel veel lijden. Misschien ervaar je je leven wel als een duister dal, een tunnel zonder licht aan het einde. Dan wil ik je aanmoedigen om in Jezus' naam maar heel eenvoudig te zeggen: 'Papa, zorg voor mij.'

En hij vindt het niet erg als je verder gewoon zwijgt.

Om te doen

Doe vandaag maar eens niks. Verwonder je slechts over onze hemelse Vader die jouw Papa wil zijn.

Om te leren

U hebt de Geest niet ontvangen om opnieuw als slaven in angst te leven, u hebt de Geest ontvangen om Gods kinderen te zijn, en om hem te kunnen aanroepen met 'Abba, Vader' (Romeinen 8:15).

Om te bidden

Vader, ik roep naar u. U bent mijn Papa. Ik durf het haast niet uit te spreken, zo vertrouwelijk vind ik dat. Een kwetsbaar geheim, maar ook zo kostbaar. Vergeef het me dat ik me van die rijkdom soms zo weinig bewust ben. En leer me om speciaal als het donker is in mijn leven, het zachte, warme licht van uw Abba-naam te zien schijnen en te voelen op mijn huid. Vader, u komt alle eer toe, door Jezus, in zijn Geest. Amen.

DAG 10

Niet mijn wil

Jezus was op aarde in alles volkomen gericht op de wil van zijn Vader. Het was zijn diepste verlangen om zijn Vader te gehoorzamen.

Als we nadenken over de Vader en de Zoon, en hoe zij zich tot elkaar verhouden (en daar zijn we de afgelopen dagen steeds mee bezig geweest), dan is dit ook iets wat heel sterk opvalt. Als ik met dit boek pleit voor een (nog) sterkere concentratie van ons geloof op Christus, dan gaat het dus om een concentratie op de Zoon die op zijn beurt volkomen geconcentreerd was op de Vader. Laten we luisteren naar een aantal uitspraken die we tegenkomen in het evangelie van Johannes. Steeds is Jezus zelf aan het woord. Neem even de tijd om rustig op je in te laten werken wat hij zegt.

‘Ik kan niets doen uit mijzelf: ik oordeel naar wat ik hoor, en mijn oordeel is rechtvaardig omdat ik mij niet richt op wat ik zelf wil, maar op de wil van hem die mij gezonden heeft’ (Johannes 5:30).

‘Maar ik heb een belangrijker getuigenis dan Johannes: het werk dat de Vader mij gegeven heeft om te volbrengen. Wat ik doe getuigt ervan dat de Vader mij heeft gezonden’(Johannes 5:36).

‘Ik ben niet uit de hemel neergedaald om te doen wat ik wil, maar om te doen wat hij wil die mij gezonden heeft’ (Johannes 6:38).

‘Wat ik onderwijs heb ik niet van mijzelf, maar van hem die mij gezonden heeft’ (Johannes 7:16).

‘U kent mij en u weet waar ik vandaan kom. Maar ik ben niet namens mezelf gekomen; ik ben gezonden door iemand die betrouwbaar is, en hem kent u niet’ (Johannes 7:28).

‘Ik heb niet namens mezelf gesproken, maar de Vader die mij gezonden heeft, heeft me opgedragen wat ik moest zeggen en hoe ik moest spreken’ (Johannes 12:49).

‘Maar wie mij niet liefheeft, houdt zich niet aan wat ik zeg, en wat jullie mij horen zeggen, zijn niet mijn woorden, maar de woorden van de Vader door wie ik gezonden ben’ (Johannes 14:24).

Valt het je op hoe vaak en hoe nadrukkelijk de Zoon zegt dat de Vader hem gezonden heeft en dat hij de wil van de Vader doet en Vaders woorden spreekt en Vaders daden doet? Laten we er nog maar een keer over verwonderd zijn: die twee zijn echt één! Als we de Zoon zien en horen, horen en zien we zijn Vader.

En het is niet zo dat Jezus met tegenzin doet wat zijn Vader wil. Hij spreekt er zelf over hoe heerlijk hij het vindt om hem te gehoorzamen: ‘Mijn voedsel is: de wil doen van hem die mij gezonden heeft en zijn werk voltooien’ (Johannes 4:34). Toen ik het hier in een preek een keer over had, vroeg ik aan een paar kinderen wat ze lekker vonden. De een zei: patat. De ander: een boterham met pindakaas. Weer een ander: spruitjes (echt waar). En zo kunnen we allemaal wel iets bedenken wat we echt lekker vinden. Jezus vond het echt lekker om de wil van zijn Vader te doen.

En nu kan ik me die vraag zo levendig voorstellen: ‘Als Jezus dan zo volkomen op de Vader is geconcentreerd, moeten wij dat dan ook niet zijn? Waarom wil je mij met dit boek stimuleren om me veel meer te concentreren op Jezus? Doet dat niet tekort aan de Vader?’

Voor een antwoord op die vraag moeten we opnieuw luisteren naar woorden van Jezus (laat ze weer even rustig op je inwerken):

‘De levende Vader heeft mij gezonden, en ik leef door de Vader; zo zal wie mij eet, leven door mij’ (Johannes 6:57).

‘Ik heb jullie liefgehad, zoals de Vader mij heeft liefgehad. Blijf in mijn liefde: je blijft in mijn liefde als je je aan mijn geboden houdt, zoals ik me ook aan de geboden van mijn Vader gehouden heb en in zijn liefde blijf’ (Johannes 15:9-10).

Alles wat de Zoon vond in de Vader, vinden wij in de Zoon. Alles wat de Zoon hoorde van de Vader, horen wij van de Zoon. Alles wat de Zoon ontving van de Vader, ontvangen wij van de Zoon.

Zoals de Zoon naar de Vader luisterde en hem gehoorzaamde, zo moeten wij naar de Zoon luisteren en hem gehoorzamen. Zoals de Zoon leefde door de Vader, zo leven wij door de Zoon. Zoals de Zoon werd bemind door de Vader, zo worden wij bemind door de Zoon.

Zie je dat het een soort spiegelbeeld is? De relatie tussen de Vader en de Zoon wordt weerspiegeld in de relatie tussen Jezus en zijn volgelingen. Zo is het de wil van de Vader dat wij ons concentreren op de Zoon. Want in de Zoon vinden we alles wat de Vader ons wil geven.

Om te doen

Als je iets wilt onthouden om niet weer te vergeten, helpt het soms om het op een apart papiertje te schrijven en dat ergens op te hangen. Kies daarom een van de genoemde Bijbelteksten uit en schrijf die over en hang die ergens waar je er vaak aan herinnerd wordt.

Om te leren

‘Als God uw Vader was,’ zei Jezus tegen hen, ‘zou u mij liefhebben, want ik ben bij God vandaan gekomen toen ik hiernaartoe kwam. Ik ben niet namens mezelf gekomen, maar hij heeft mij gezonden’ (Johannes 8:42).

Om te bidden

Vader in de hemel, door uw intens beminde Zoon, die gehoorzaam was tot in de dood, bid ik tot u. Ik wil u loven om wie u bent en om de gave van Christus. Ik wil u danken dat ik alles wat ik van u mag ontvangen, vind in hem. En u, Heer Jezus, wil ik bewonderen om uw volkomen overgave aan uw Vader. Helpt u mij door uw Geest om net zo volkomen gericht te zijn op u. Tot eer van de Vader. Amen.

DAG 11

Afdruk en afstraling van God

In Jezus hebben we met God zelf te maken. Het is best voor te stellen dat je afstand ervaart tussen de Zoon en de Vader, juist omdat de Zoon mens is geworden. Maar als we afgaan op het getuigenis van de Bijbel, dan ontdekken we dat God straalt in Jezus. Als we dus Jezus ontdekken, ontdekken we in hem God.

Een heel erg mooi Bijbelgedeelte waarin daarvan iets zichtbaar wordt, is Hebreeën 1:1-4. Daar gaat het over de uitnemendheid van de Zoon. In hem heeft God zichzelf het diepste uitgesproken en daarom heeft de Zoon, die zóveel machtiger is dan de engelen, 'een eerbiedwaardiger naam heeft ontvangen dan zij' (Hebreeën 1:4). Vandaag staan we speciaal stil bij twee namen die in dit Bijbelgedeelte aan Jezus gegeven worden. Ze staan in vers 3: 'In hem schittert Gods luister, hij is zijn evenbeeld'. In de Bijbelvertaling van 1951 staat het iets anders: 'de afstraling van zijn heerlijkheid en de afdruk van zijn wezen'. Dat is krachtiger gezegd dan in de nieuwe vertaling, en daarom blijf ik nu even bij die twee namen uit de oude vertaling: afdruk van Gods wezen en afstraling van Gods heerlijkheid. We beginnen bij de tweede naam.

Bij het woord afdruk kun je denken aan een foto. Als je bijvoorbeeld de foto van je moeder aan iemand anders laat zien, dan zeg je: 'dit is mijn moeder'. Eigenlijk klopt dat niet helemaal, want het is niet je moeder zelf maar een fóto van haar. Zo zouden we ook kunnen zeggen dat Jezus de foto van God is. Als je wilt weten hoe God eruit ziet, kijk dan naar Jezus.

Maar dat woord afdruk zet ons toch ook wat op het verkeerde been. In de taal van het Nieuwe Testament staat er voor dat woord afdruk een andersoortig woord, dat wij ook wel kennen: karakter. De Zoon is het karakter van Gods wezen. Hij laat zien hoe God is. Alle karaktertrekken die aan God eigen zijn (liefde, trouw, rechtvaardigheid, geduld enzovoort) vinden we terug in zijn Zoon. Een afdruk geeft een indruk van datgene wat wordt afgebeeld. En als het gaat om Jezus, kun je zeggen dat hij als afdruk van Gods wezen een volmaakte indruk geeft van zijn Vader.

Zo ontdekken we weer hoezeer we met God de Vader te maken hebben als we kijken naar zijn Zoon. Dat blijkt ook uit die eerste naam die in Hebreeën 1:3 wordt genoemd: 'afstraling van Gods heerlijkheid'. Weet je wat Gods heerlijkheid is (ook wel: majesteit, luister, glorie)? Gods heerlijkheid is alles waarin God groot en verheven en heilig en krachtig en stralend en mooi is. Het is zijn glorie, zijn luister, zijn verblindende uitstraling.

Uit het Oude Testament weten we dat we de heerlijkheid van God zelf niet kunnen zien. Toen Mozes aan de Heer vroeg: 'Laat mij toch uw majesteit zien' (Exodus 33:18), antwoordde God dat dat zijn dood zou betekenen. Daarom kreeg Mozes alleen de achterzijde van Gods majesteit te zien. En nog steeds geldt dat God in een ontoegankelijk licht woont (1 Timoteüs 6:16).

Maar als we naar Jezus kijken, zien we de afstraling van die ontoegankelijke heerlijkheid wel. In Christus straalt de heerlijkheid van God ons tegemoet. In Christus vangen we het allerstralendste licht op van Gods eindeloze en ontoegankelijke glorie en luister en schoonheid. In Christus komt de heilig heerlijke God ons leven binnen. Je moet je ogen tot spleetjes toeknijpen omdat het allemaal anders veel te licht is.

Die twee namen, afdruk en afstraling, komen op een prachtige manier bij elkaar in een uitspraak we vinden in 2 Korintiërs 4. Paulus schrijft daar dat ongelovigen, mensen dus die Jezus niet kennen, blind zijn voor 'de luister van Christus, die het beeld van God is. Wij verkondigen niet onszelf, wij verkondigen dat Jezus Christus de Heer is en dat wij omwille van hem uw dienaren zijn. De God die heeft gezegd: 'Uit de duisternis zal licht schijnen,' heeft in ons hart het licht doen schijnen om ons te verlichten met de kennis van zijn luister, die afstraalt van het gezicht van Jezus Christus' (2 Korintiërs 4:4-6).

Hier wordt op een iets andere manier weer gezegd dat Jezus de afdruk van Gods wezen is: hij is het beeld van God. Vandaar ook dat God in het tweede gebod verbiedt om beelden te maken, want dat is helemaal niet nodig: hij geeft zelf Christus als beeld van hem! En in het gezicht van dit beeld van God schijnt het licht van de luister van God. Oftewel: als we Jezus aankijken, vanuit ons hart waarin God zijn licht doet schijnen, dan zien we de glorie van God. Zo stralend dichtbij komt hij. De Vader van het licht komt in de Zoon van zijn heerlijkheid naar ons toe.

Zie je het? Schijnt het licht in je hart?

Om te doen

Ik weet niet of op de dag dat je dit leest de zon ook schijnt. Maar probeer eens in de zon te kijken (voorzichtig hoor...). Je zult merken dat dat niet gaat. Maar de stralen van de zon maken alles licht en schijnen (vooral in de zomer) warm op je huid. Stel je je dat allemaal maar voor of onderga het. Zo wil God door Jezus stralend licht en warm in jouw leven komen.

Om te leren

In hem schittert Gods luister, hij is zijn evenbeeld, hij schraagt de schepping met zijn machtig woord; hij heeft, na de reiniging van de zonden te hebben voltrokken, plaatsgenomen aan de rechterzijde van Gods hemelse majesteit, ver verheven boven de engelen omdat hij een eerbiedwaardiger naam heeft ontvangen dan zij (Hebreeën 1:3-4).

Om te bidden

Heilige en heerlijke God en Vader, u die stralend woont in ontoegankelijk licht, ik dank u dat u door Jezus toch toegankelijk bent. Ik dank u dat ik in uw Zoon het licht mag ontwaren dat in u en om u heen is. Ik dank u dat Christus uw beeld is, de afstraling van uw heerlijkheid, de afdruk van uw wezen. Wat heerlijk, heilige Vader, dat u licht bent en zo geweldig veel uitstraling hebt. U wil ik eren en prijzen. Glorie aan u! Glorie aan u! Amen.

DAG 12

Ik ben die er zijn zal

De God die we in het Oude Testament leren kennen als Jahweh, heeft zich in het Nieuwe Testament geopenbaard in Jezus. Als Jezus naar je toekomt om zich voor te stellen, kan hij zeggen: 'Ik ben de Heer, uw God.'

In het evangelie van Johannes gebeurt het een heel aantal keren dat Jezus zegt: 'Ik ben…'. Daar klinkt voor de goede verstaander een verwijzing in door naar de naam waarmee God zich openbaart bij de brandende doornstruik, waar hij Mozes ontmoet. Mozes, die geroepen is om het volk Israël uit het land Egypte te leiden, vraagt daar: 'Stel dat ik naar de Israëlieten ga en tegen hen zeg dat de God van hun voorouders mij gestuurd heeft, en ze vragen: "Wat is de naam van die God?" Wat moet ik dan zeggen?' Toen antwoordde God hem: 'Ik ben die er zijn zal. Zeg daarom tegen de Israëlieten: "IK ZAL ER ZIJN heeft mij naar u toe gestuurd"' (Exodus 3:13-14).

En nu staat in Jezus Christus opnieuw 'Ik ben' voor ons. Jahweh zelf komt in Jezus naar ons toe. En dat wil Jezus weten ook. Hij zwijgt er niet bescheiden over, maar maakt het volkomen duidelijk: in mij komt 'Ik ben' naar je toe. Tot zeven keer toe doet Jezus zo'n uitspraak:

'Ik ben het brood dat leven geeft' (Johannes 6:35).

'Ik ben het licht voor de wereld' (Johannes 8:12 en 9:5).

'Ik ben de deur voor de schapen' (Johannes 10:7 en 9).

‘Ik ben de goede herder’ (Johannes 10:11).

‘Ik ben de opstanding en het leven’ (Johannes 11:25).

‘Ik ben de weg, de waarheid en het leven’ (Johannes 14:6).

‘Ik ben de ware wijnstok’ (Johannes 15:1 en 5).

Het is mooi dat dit allemaal beelden zijn. Want eerlijk is eerlijk: naast dat de naam ‘Ik ben die er zijn zal’een diep geheimenis is, is het toch ook een nogal ontoegankelijke naam. Zo is het dus niet als Jezus zegt: ‘Ik ben’. Dan kun je wat voor je zien: brood en licht, een deur, een herder, een weg en een wijnstok. Dat kun je je voorstellen en daarover kun je mediteren.

Maar nu gaat het me er vooral om dat Jezus in al deze uitspraken niet minder zegt dan dit: ‘Ik ben… God!’ En daar ben je misschien al een beetje aan gewend, omdat je al lang gelooft dat Jezus God is. Maar verplaats je eens in de tijd dat Jezus op aarde was, en dat mensen zoals jij en ik daar een mens ontmoeten zoals jij en ik, die zegt: ‘Ik ben de weg, de waarheid en het leven’. Als iemand zulke vergaande en exclusieve uitspraken doet (dé weg, dé waarheid, hét leven), kunnen er maar drie dingen aan de hand zijn: zo iemand is waanzinnig arrogant, of hij is krankzinnig, of het is gewoon waar wat hij zegt!

Christenen geloven het laatste: Jezus heeft volkomen gelijk als hij deze dingen zegt. En het is goed om het vérgaande karakter van deze uitspraken nog wat beter te begrijpen. Want Jezus zegt niet: ‘Ik wijs jullie de weg’. Jezus zegt ook niet: ‘Ik vertel jullie de waarheid’. En evenmin zegt hij: ‘Ik geef jullie het leven’.

Vaak zijn mensen op zoek naar iets van God: ze verlangen ernaar zijn vrede, zijn vergeving, zijn rust, zijn genade te ontvangen. Maar geloven is ten diepste: God zoeken om hemzelf, God liefhebben niet om wat hij geeft maar om wie hij is. En zo is het ook met Jezus. Natuurlijk, Jezus wil ons ongelooflijk veel geven: kracht, genade, zorg, vergeving, wijsheid, zin in het leven. Maar vóór alles wil hij zichzelf aan ons geven. We mogen ontdekken dat hij de enige weg ís. We mogen erdoor verrast worden dat er niet vele waarheden zijn, maar slechts één waarheid en dat hij een persoon is: Jezus Christus. We mogen er al zoekend naar zinvol en vervuld leven achter komen dat de Zoon van God dat zinvolle en vervulde leven is in eigen persoon.

Zie je het?

Ik hoop dat je opnieuw of misschien wel voor het eerst ontdekt dat Jezus Christus in het christelijke geloof niet een bijrol (in het verleden) maar de hoofdrol speelt (toen en hier en nu en tot hij terugkomt). En dat is waar omdat we in hem met God zelf te maken hebben. In zijn persoon vinden we alles wat we nodig hebben. Alleen in hem.

Dat schrijf ik nog een keer op: Alleen in hem! Want hij is de Heer, jouw God.

Om te doen

Drie van de 'Ik ben'-uitspraken bevatten een woord dat begint met de letter w: weg, waarheid, wijnstok. Jezus is het alledrie: www. Onthoud deze drie namen, bewaar ze in je hart en denk eraan telkens als je surft op het world wide web.

Om te leren

Ik ben het licht voor de wereld. Wie mij volgt loopt nooit meer in de duisternis, maar heeft licht dat leven geeft (Johannes 8:12).

Om te bidden

Heer God, schepper van de hemel en de aarde, ik dank u dat u zichzelf tot op de bodem van uw hart laat kennen in Jezus, uw Zoon. Het raakt me diep dat hij uw wezen tot uitdrukking bent door uw kostbare naam

Jahweh op zichzelf toe te passen. Heer Jezus Christus, u bent God, u bent de weg, de enige, u bent de waarheid, de diepste, u bent de Wijnstok, de ware. U bent die u bent, zo oneindig groot en nabij. Amen.

DEEL 3

Christus, de levende

'Ik ben het leven.' Dat is een uitspraak van Jezus die eigenlijk al ons voorstellingsvermogen te boven gaat. Hij is niet alleen de Zoon van de levende God. Hij is zelf het leven. En als jij levend wilt worden, dan kan dat alleen als je het leven in Jezus vindt. Als je Christus zelf in het centrum van je leven de plek in laat nemen die hij verdient, de plek die hij - want erg vrijblijvend is het allemaal niet - opeist.

DAG 13

Hij kwam bij ons heel gewoon

Omdat het de afgelopen dagen ging over God de Vader en over zijn Christus, ging het over grote en buitengewone dingen. En nu we ons negen dagen lang op Jezus de Christus zelf gaan concentreren, moet het allereerst gaan over kleine en heel gewone dingen.

Want hij kwam bij ons heel gewoon. Dat komt misschien wel nergens beter tot uitdrukking dan in zijn geboortegeschiedenis. Want het kerstevangelie is zo buitengewoon gewoon. Lees maar: 'Terwijl ze daar waren, brak de dag van haar bevalling aan, en ze bracht een zoon ter wereld, haar eerstgeborene. Ze wikkelde hem in een doek en legde hem in een voederbak, omdat er voor hen geen plaats was in het nachtverblijf van de stad' (Lucas 2:6-7). Dit is zó gewoon, zó sober, zó eenvoudig. Er wordt een baby geboren. In een stal. Het is de eerste, de moeder is nog onervaren (en ook erg jong). Om allerlei redenen waren zij en haar man niet thuis maar ergens in een stal, omdat er verder geen plaats was. Er is een voederbak voor dieren, die als wieg moet dienen. Het kindje wordt zoals gebruikelijk in die tijd in doeken gewikkeld (wij zouden zeggen: het krijgt een luier om, een rompertje aan en het klaargelegde stelletje kleertjes, en een mutsje).

Zo gewoon komt God de wereld binnen. Eeuwen geleden al was zijn komst aangekondigd. Reikhalzend had Gods volk uitgekeken naar de komende messias, de verlosser, de koning. En hier is hij dan: een kind in een voederbak. Want hij kwam bij ons heel gewoon.

Laat dat eens even op je inwerken. Je hebt de grote woorden van de afgelopen dagen hopelijk nog in je hoofd en in je hart (heerlijkheid, glorie,

Ik ben, licht, afstraling), en nu moet je dat leren combineren met een in een doek gewikkelde baby. Ik denk niet dat we dat zelf zouden hebben bedacht. Dit is zo bijzonder onverwacht, zo tegendraads, zo ongelooflijk niet-goddelijk. En toch is dit de waarheid die leven geeft: God werd mens.

Zelf vind ik het altijd mooi om Lucas 2:6-7 te combineren met deze woorden: 'Het Woord is mens geworden en heeft bij ons gewoond, vol van goedheid en waarheid, en wij hebben zijn grootheid gezien, de grootheid van de enige Zoon van de Vader' (Johannes 1:14). Dan zie je zo scherp het contrast tussen de haast journalistieke Lucas die gewoon weergeeft wat er te zien was, en de meditatieve Johannes die diepe gedachten denkt over wat gewoon een wonder is.

Lucas zegt: er wordt een baby geboren en het is een jongetje! En Johannes zegt: het Woord is mens geworden. Dat kind in de kribbe is niemand minder dan Gods eigen Woord: God spreekt zich uit in zijn Zoon. En dat diepe Woord komt diep binnen in de aardse werkelijkheid, want het wordt vlees: kwetsbaar, broos, vergankelijk.

Lucas zegt (hij had het in elk geval kunnen zeggen): hij lijkt op zijn aardse moeder, deze eerstgeborene in het jonge gezin van Maria en Jozef. En Johannes zegt: hij lijkt op zijn hemelse Vader, deze eniggeboren Zoon van God. Want Jezus is in al zijn aardse gewoonheid echt de enige echte, de absoluut unieke en eeuwenlang verwachte verlosser van Gods volk.

Lucas zegt: er was geen plaats meer in het nachtverblijf. En Johannes zegt: het Woord heeft onder ons een tent opgeslagen (want dat betekent letterlijk het woord wonen dat hier gebruikt wordt: tabernakelen). Voor de pasgeboren baby was geen fatsoenlijke plek beschikbaar, maar toch kwam hij 'tabernakelen' onder de mensen. En uiteindelijk bleek er toch nog plek te zijn: één vierkante meter, precies genoeg voor een kruis…

En waar Lucas spreekt over heel gewone dingen, spreekt Johannes over verheven zaken als grootheid, genade en waarheid. In Jezus komt het heel gewone samen met het heel buitengewone. Om het kind in de voederbak, een kind zoals jij en ik eens waren, straalt intens het licht van Gods genade.

'Hij kwam bij ons heel gewoon.' Er is een lied met die titel. En er is ook een lied met deze titel: 'Jezus, Gods heerlijkheid verschijnt'. Soms vinden we het moeilijk om die twee werkelijkheden bij elkaar te houden. Dan maken we een keuze. Jezus wordt dan óf vooral een heel gewoon mens, zoals jij en ik, en wat we over hem zeggen wordt zo alledaags dat het bijna banaal wordt, óf hij wordt iemand aan wie bijna niets menselijks meer te ontdekken valt, zó heilig, zó goddelijk, zó verheven. Maar wat God heeft samengevoegd mag een mens niet scheiden.

Dus hier blijft het bij. Hij kwam bij ons heel gewoon, want Jezus timmerde in Nazareth. En juist in hem verscheen Gods heerlijkheid, want Jezus was zo vol van genade en waarheid.

Om te doen

Vier vandaag een beetje kerst (ik weet natuurlijk niet wanneer je dit leest, misschien wel midden in de zomer, maar doe het dan toch maar): prijs God dat hij in Jezus mens werd, gewoon een wonder!

Om te leren

Het Woord is mens geworden en heeft bij ons gewoond, vol van goedheid en waarheid, en wij hebben zijn grootheid gezien, de grootheid van de enige Zoon van de Vader (Johannes 1:14).

Om te bidden

Heer Jezus Christus, u die mens werd, een gewone baby zoals we allemaal eens waren, dank u dat u zo intens het leven met ons meegeleefd hebt. Het was u niet te min om een menselijke gestalte aan te nemen terwijl u toch al van eeuwigheid God was bij de Vader. Duizend, duizendmaal dank voor uw gewoonheid die zo vol heerlijkheid was. Dank u dat u speelde, lachte, leerde praten, leerde lopen, timmerde en vrienden maakte. Dank u dat u het mensenleven kent, door en door, en dat u dus mijn leven ook kent. Amen.

DAG 14

Woorden van leven

In Jezus Christus komt God sprekend naar ons toe. Daarom wordt hij ook het Woord genoemd: ‘In het begin was het Woord, het Woord was bij God en het Woord was God’ (Johannes 1:1). Als we Jezus willen leren kennen om steeds meer van hem te gaan houden, dan zullen we vooral naar hem moeten luisteren. Want bij hem zijn woorden van leven.

En altijd als Jezus spreekt, moeten we bedenken dat hij spreekt als het Woord. En altijd als het gaat over het Woord, moeten we bedenken dat dat maar niet klanken zijn, zinnen met meer of minder betekenis, woorden aaneengevoegd tot gedachten. Want Gods Woord is krachtig en scheppend. Altijd. Gods Woord schept een nieuwe werkelijkheid, een werkelijkheid die er eerder niet was.

Dat zien we al direct aan het begin van de Bijbel: ‘In het begin schiep God de hemel en de aarde. De aarde was nog woest en doods, en duisternis lag over de oervloed, maar Gods geest zweefde over het water. God zei: ‘Er moet licht komen,’ en er was licht’ (Genesis 1:1-3). Gods Woord roept wakker wat niet was. Chaos wordt orde. Duisternis wordt licht. Stel je eens voor dat je erbij was geweest, en die stem van God had gehoord in het diepste donker: ‘Er moet licht komen!’ En dat je toen het licht zag. Zo nieuw. Zo anders. Zo’n nieuwe werkelijkheid!

In de Psalmen wordt dit krachtige Woord van God bezongen: ‘Laat heel de aarde vrezen voor de HEER, en wie de wereld bewonen hem duchten, want hij sprak en het was er, hij gebood en daar stond het’ (Psalm 33:8-9). En dat mogen we gerust ook toepassen op het spreken van Jezus

Christus. Hij heeft woorden van leven. En dat zijn woorden soms niet lijken te landen, dat ze geen verandering brengen, dat heeft niets met hem maar alles met ons te maken: door de zonde zijn we van onszelf doof en zijn de oren van ons hart niet meer ontvankelijk voor het krachtige spreken van God. Maar als we dan door de Geest van Jezus bereid zijn om echt weer te gaan luisteren, dan zullen we ook de ontdekking van ons leven doen: als Jezus spreekt, dan is dat altijd krachtig, volkomen wijs, gezaghebbend en het raakt je, omdat je moet erkennen dat zijn woorden van leven werkelijk over jouw leven gaan.

De mensen die Jezus in de Bijbel ontmoetten, de leerlingen voorop, konden niets anders zeggen dan dit: 'Naar wie zouden we moeten gaan, Heer? U spreekt woorden die eeuwig leven geven' (Johannes 6:68). En toen Jezus klaar was met zijn magistrale toespraak op de berg (waarin diepte en eenvoud op een onnavolgbare wijze samen gingen) staat er: de mensen waren 'diep onder de indruk van zijn onderricht, want hij sprak hen toe als iemand met gezag, en niet zoals hun schriftgeleerden' (Matteüs 7:28-29). Het was zó anders. Dat riep ook verzet op natuurlijk. Want als je wakker wordt geschud uit je keurig geordende leventje, dan doet dat zeer. En er waren velen die daar niet aan wilden. Maar veel anderen ervaarden het gezag waar Jezus mee sprak.

Nu is gezag een woord dat in onze tijd geen hoge ogen gooit. We associeren het vaak met autoritaire macht en met de baas spelen. Maar gezag heeft er alles mee te maken dat we ons laten gezeggen door iemand die wat te zeggen heeft. En Jezus heeft wat te zeggen! Hij spreekt woorden van leven. Hij ís het Woord dat leven heeft.

Als je dat eenmaal onder ogen hebt gezien en je erover verheugt, dan leer je het ook af om over woorden van God interessante discussies te gaan voeren, als ging het om louter informatie waarover je je een mening moet vormen. Jezus' woorden zijn niet bedoeld om over te discussiëren, maar om erdoor geraakt te worden, om erdoor veranderd te worden. Om er de kracht van te ervaren in je leven.

Neem bijvoorbeeld de eerste woorden van Jezus' verkondiging die staan opgetekend in het Marcus-evangelie: 'De tijd is aangebroken, het koninkrijk van God is nabij: kom tot inkeer en hecht geloof aan dit goede nieuws' (Marcus 1:15). Dat zijn geen woorden om te bediscussiëren, het zijn woorden om lang en liefdevol naar te luisteren, om te geloven, om binnen te laten komen in je hart en in je leven, om je te laten corrigeren en te bemoedigen. In Jezus Christus is het koninkrijk van God werkelijkheid geworden!

Daarom, als je zoekt naar wijsheid en naar de diepste waarheid van de werkelijkheid van jouw leven, ga dan naar Jezus. Laat hij jouw leraar zijn (Johannes 3:2). Ken hem als je wonderbare raadsman (Jesaja 9:5). En geloof met heel je hart dat alle schatten van de wijsheid en de kennis in hem verborgen liggen, in Jezus, Gods mysterie (Kolossenzen 2:2-3).

Om te doen

Er komen in de wereld waarin we, ook als christenen, leven ongelooflijk veel woorden (en beelden) op ons af. Ga voor jezelf eens na hoeveel lévende woorden daartussen zitten. En neem vervolgens een besluit over het intensiever gebruik maken van de middelen waarlangs woorden van leven naar je toe komen (Bijbellezing en Bijbelstudie en prediking).

Om te leren

Jezus vroeg nu aan de twaalf: 'Willen jullie soms ook weggaan?' Simon Petrus gaf antwoord: 'Naar wie zouden we moeten gaan, Heer? U spreekt woorden die eeuwig leven geven, en wij geloven en weten dat u de heilige van God bent' (Johannes 6:67-69).

Om te bidden

Heer Jezus Christus, alleen bij u zijn woorden van leven. Ik belijd u dat ik zulke woorden vaak op andere plaatsen zoek. Dat ik me voor het vinden van wijsheid door zoveel andere bronnen laat inspireren. Help me om te ontdekken en toe te passen dat ik alleen in u echte wijsheid vind.

Help me om te luisteren, lang en liefdevol. Breng me onder de indruk van uw gezaghebbende Woord. Heer Jezus, wat hebt u veel te zeggen! Amen.

DAG 15

Ik ben de ware wijnstok

Jezus spreekt woorden van leven. Voor mijzelf zijn in de afgelopen jaren vooral de woorden die we in Johannes 15 vinden erg belangrijk geworden. Vandaag wil ik daarover graag iets met je delen. Neem even de tijd om eerst Johannes 15:1-11 te lezen.

Ik stel me zo voor dat Jezus op dat moment samen met zijn leerlingen aan het wandelen is. Ze komen langs een wijngaard. En omdat Jezus ervan houdt voorbeelden en beelden te gebruiken als hij onderwijs geeft, zegt hij: 'Zien jullie die wijnstok daar? Ik ben de wáre wijnstok!'

En dan moet je bedenken dat dat in de oren van de Israëlieten geklonken heeft als een werkelijk ongehoorde uitspraak. Een uitspraak die elke rechtgeaarde Israëliet wel een steek in het hart moest zijn. Want in het Oude Testament waren de wijnstok en de wijngaard beelden van het volk Israël. Bijvoorbeeld in de Psalmen: 'U hebt een wijnstok uitgegraven in Egypte, en volken verdreven om hem te planten' (Psalm 80:9). Dat gaat over het vólk Israël. En zo vinden we in de profetieën van Jesaja een lied over de wijngaard: 'Voor mijn geliefde wil ik zingen het lied van mijn lief en zijn wijngaard' (Jesaja 5:1). En even verderop staat dan 'Israël is de wijngaard van de HEER van de hemelse machten, de uitgelezen aanplant zijn de inwoners van Juda' (Jesaja 5:7).

En wat doet Jezus nu? Hij verlegt als het ware het zwaartepunt van heel de Bijbel. Hij zegt, en het is ongehoord in de oren van de Israëlieten: 'Ik ben de wáre wijnstok.' Het gaat nu dus niet langer om een volk en om de vraag of je bij dat volk hoort. Het is niet meer belangrijk of je een afstammeling van Abraham bent. Er is vanaf nu één ding het allerbelangrijkste: de verbondenheid met een persoon: Jezus Christus. Hij is de ware wijnstok. Dat is dus een hele aardverschuiving zou je kunnen zeggen, een radicale en exclusieve uitspraak van Gods Zoon op aarde.

Dat is het eerste wat ik vandaag aan je duidelijk wil maken. Het tweede is dit: dat ons leven volkomen afhangt van de vraag of we ranken zijn die zijn verbonden met de wijnstok. Het mooie van zo'n beeld is weer dat je het voor je ziet. Misschien heb je in de tuin wel een druif staan, of ben je in een warm land wel eens door een wijngaard gelopen. Dat stuk natuur is een beeld van onze verbondenheid als volgelingen met onze Heer Jezus Christus. Het gaat dan ook om een natuurlijke verbondenheid, niet om een verbinding in een meer technische sfeer. Een pen-gat-verbinding bijvoorbeeld, of een houtje-touwtje-verbinding, of een soldeerverbinding. Dan kijk je als het ware naar de plek waar die verbinding zit. En dat is natuurlijk prima, maar als we het even bij een houtverbinding houden: het ene stuk hout wordt er niet anders van wanneer het verbonden wordt met een ander stuk hout.

In het beeld van de wijnstok en de ranken is dat dus totaal anders. We moeten niet allereerst naar de verbinding zelf kijken, maar naar de verbondenheid die van binnen zit. Als je een wijnstok hebt, dan stromen daar in die wijnstok, in de stam, levenssappen die onmisbaar zijn voor de groei. En precies datzelfde levenssap stroomt ook in de ranken. Tenminste, áls die ranken echt goed vastzitten aan de wijnstok. Maar dat is niet altijd het geval. Dan is er iets mis waardoor er geen vrucht komt. Een vruchteloze rank ben je dan. Misschien was het wel een rank die bijvoorbeeld met een paar touwtjes was vastgebonden. Het leek heel stevig, maar van binnen was er dus geen verbondenheid. Het sap kon niet doorstromen. Zo'n rank wordt weggehaald en verbrand.

Als we Jezus vandaag horen zeggen dat hij, en hij alleen de ware wijnstok is, dan moet het dus tot ons doordringen dat er nergens anders leven te vinden is. Alleen in de verbondenheid met Christus zal ons leven opbloeien en zullen we geestelijk groeien. Op geen enkele andere manier is dat mogelijk.

Dat is denk ik ook de reden dat we Jezus in Johannes 15:1-8 steeds maar weer horen spreken over het in hem blíjven: 'Blijf in mij, dan blijf ik in jullie. Een rank die niet aan de wijnstok blijft, kan uit zichzelf geen vrucht dragen. Zo kunnen jullie geen vrucht dragen als jullie niet in mij blijven' (Johannes 15:4). Het is niet genoeg om te weten dat Jezus de wijnstok is. Het is zelfs niet genoeg om te weten dat Jezus de wáre wijnstok is. Het gaat erom dat we in hem blíjven.

Ken jij de wijnstok?
Ben jij een rank?
Zo een die in hem is én blijft?

Om te doen

Bestudeer eens van dichtbij hoe een rank van een druif is verbonden aan de stam. Of zoek een andere plant uit waaraan je hetzelfde principe kunt afzien. Breek voor de aardigheid eens een rank van een wijnstok of een tak van een ander soort plant af, en kijk wat ermee gebeurt.

Om te leren

Ik ben de wijnstok en jullie zijn de ranken. Als iemand in mij blijft en ik in hem, zal hij veel vrucht dragen. Maar zonder mij kun je niets doen (Johannes 15:5).

Om te bidden

Jezus Christus, u bent de ware wijnstok. Alleen in verbondenheid met u is er eeuwig leven, leven dat vrucht draagt, veel vrucht. Ik wil u vragen om mij door uw Geest gehoorzaam te maken aan uw gebod om in u te blijven. Ik belijd met schaamte dat ik vaak losraak van u om even voor mezelf te kunnen leven. Laat me dat steeds opnieuw zien, en herstel de verbondenheid door de genade van uw Geest. Amen.

DAG 16

Een zwak moment

Een van de dieptepunten en tegelijk hoogtepunten in het verhaal van Jezus' lijden is wat er gebeurt in Getsemane. Lees nu: Marcus 14:32-42.

Weet je wat ik zo geweldig vind aan dat verhaal? Dat je daar Jezus ziet, en dat hij zo helemaal echt zichzelf is. Dat hij zijn verdriet niet verbergt. Dat hij zich niet schaamt voor zijn onrust. Dat hij in zijn diepe eenzaamheid geen masker opzet maar dat hij volledig eerlijk is over zijn zwakheid.

Jij en ik vinden dat toch vaak erg moeilijk, om eerlijk te zijn over jezelf, om je zwakheid te laten zien. Je houdt je op de vlakte of je overschreeuwt je onzekerheid. Je leeft eigenlijk met een masker op. En dat kan best lang goed gaan. Sommige mensen houden het hun hele leven vol… Maar nu geloof ik met heel mijn hart dat Jezus jou en mij kan helpen om met onze eigen zwakheid om te gaan, met onze angst en pijn. Om er een plek aan te geven. Want hoe groot en verheven we ook over Jezus mogen denken en spreken (en ook schrijven, zoals in dit boek) - toch was hij ook iemand zoals wij. En hij heeft zich er niet voor geschaamd.

En de Bijbel vertelt dan over Jezus' gevoelens. Hij voelt zich onrustig en angstig worden. De Jezus die zegt: 'Kom naar mij, jullie die vermoeid zijn en onder lasten gebukt gaan, dan zal ik jullie rust geven' (Matteüs 11:28), juist deze Jezus is nu onrustig. De Jezus die de moed had om tegen de gevestigde orde in te gaan, juist hij is nu angstig. Dat zijn zulke menselijke gevoelens. En je zou haast zeggen: waarom zwijgt de bijbel er dan niet over? Want het past toch eigenlijk niet zo goed bij het imago van Jezus. Maar terwijl wij dit soort gevoelens vaak inslikken, is Jezus er volkomen open over. Hij verzwijgt het niet. Hij zegt: 'Ik voel me dodelijk bedroefd.' En als je kijkt naar Jezus' gezicht, dan zie je dat er angst op staat te lezen. In zijn ogen blinken tranen. Jezus huilt.

Huilend gaat hij nog een eindje verder de hof in. Alleen. Aan zijn drie leerlingen vraagt hij om wakker te blijven. Hij laat zich op de grond vallen en staat doodsangsten uit. Jezus stort in. Zonder mensen om zich heen. Hij is alleen. Met op steenworp afstand zijn drie lievelingsleerlingen. Ze liggen te slapen. Er is nu nog maar één die niet slaapt en die luistert: Jezus' Vader in de hemel. Jezus bidt. En in zijn doodsangst wordt hij weer helemaal kind. 'Papa, Vader,' zegt hij, 'ik vind het zo eindeloos moeilijk wat ik moet gaan doen. Mag ik er niet mee ophouden?'

Je zou het een zwak moment kunnen noemen. En juist daarin komt Jezus ons heel nabij. Eigenlijk vind ik het haast onbegrijpelijk dat dit in de Bijbel verteld wordt. Want de Bijbel wil Jezus aan ons voorstellen als onze sterke held, als onze machtige redder, als onze eeuwige koning. En nu ligt hij daar, volkomen stuk. Het is haast schokkend.

En ik zou je willen vragen: kende je déze Jezus ook al?

Veel mensen, ook veel gelovigen, hebben het idee dat God een afstandelijke God is. Een God die daar ergens in een hoge hemel toekijkt en er niet is, juist als je hem nodig hebt. Maar de Bijbel leert ons dat we, als we God willen leren kennen, naar Jezus moeten kijken. In Jezus, de Christus, laat God zichzelf zien! En het is voor jou misschien wel een openbaring dat God dus zwak durft te zijn.

Zeker, God is ook de God die hoog boven ons verheven is. Maar tegelijk schaamt hij zich niet om klein te worden. Hij schaamt zich niet om zwak te zijn. God heeft de moed om een God te zijn met tranen in de ogen. Het klinkt misschien haast gewaagd om het zo te zeggen. Om te spreken over de zwakheid van God. Maar ergens anders in de Bijbel lezen we dit: 'Het zwakke van God is sterker dan mensen' (1 Korintiërs 1:25). Kijkend naar Jezus zien we het zwakke van God. Gods Zoon had de moed om onze zwakheden op zich te nemen, om ze van binnenuit te leren kennen.

Ik hoop dat dat je helpt om om te gaan met je eigen onrust en angst en zwakheid. Dat is allemaal niet vreemd voor God. Jezus weet uit eigen ervaring wat je meemaakt. Hij weet wat het is om bang te zijn. Hij kent die eenzaamheid die je voelt in je hart, en waar misschien niemand anders een vermoeden van heeft. Jezus is God in zijn zwakheid.

Om te doen

Denk voor jezelf eens terug aan een periode of een moment waarin je het moeilijk had, waarin je angstig en onrustig was (misschien zit je nu wel in zo'n periode) en zeg dan vol overtuiging: 'Ook dit kent Jezus. Hij kent mijn zwakheden en heeft die zelfs op zich genomen.' Vind zo in zijn zwakheid kracht om verder te gaan.

Om te leren

Want de hogepriester die wij hebben is er een die met onze zwakheden kan meevoelen, juist omdat hij, net als wij, in elk opzicht op de proef is gesteld, met dit verschil dat hij niet vervallen is tot zonde. Laten we dus zonder schroom naderen tot de troon van de Genadige, waar we telkens als we hulp nodig hebben barmhartigheid en genade vinden (Hebreeën 4:15-16).

Om te bidden

God, heilige Vader, in onze zwakheid wil ik naar u toe komen. Ik verwonder me over wie u bent. Dat u in Jezus een zwakke God bent geworden. Dank u dat u mij kent. Heer Jezus, wat bent u bang geweest, wat hebt u gehuild. En u hebt het gedaan voor ons, u hebt het gedaan voor mij. Ik bid u: geef mij de moed om zwak te zijn, maak mij in mijn zwakheid sterk. En geef toch dat ik u mag kennen zoals u bent:

eindeloos zwak en sterk tegelijk, zo groot en zo dichtbij. Ik wil mijn leven aan u geven. Vergeef mijn zonden. Genees mijn wonden. Bevrijd mij. Draag mijn zwakheid. Amen.

DAG 17

Jezus Christus, de gekruisigde

In het christelijke geloof staat het kruis centraal als het symbool van onze redding door Jezus Christus. Dat kruis staat in het centrum van het leven van Jezus, in het centrum van de Bijbel, in het centrum van de wereldgeschiedenis en daarom ook in het centrum van dit boek. De opmerkzame lezer had het al gezien: dag 17 is precies de middelste van de 33 dagen.

Vandaag overwegen we wat Paulus onder woorden brengt: 'Ik had besloten u geen andere kennis te brengen dan die over Jezus Christus - de gekruisigde' (1 Korintiërs 2:2). Ik dacht eerder altijd dat dit betekende dat de opstanding dan blijkbaar minder belangrijk was, en dat het eigenlijk altijd moest gaan over zonden en over vergeving van zonden. Maar Paulus maakt hier in de eerste plaats duidelijk dat het hem in alles gaat om Jezus Christus! Hem verkondigt hij: 'Voor wie geroepen zijn, zowel Joden als Grieken, is Christus Gods kracht en wijsheid' (1 Korintiërs 1:24). Maar tegen de Joden en tegen de Grieken en ook tegen jou en mij zegt hij erbij: het gaat om Jezus Christus - de gekruisigde! Want het gaat niet om schittering van woorden, het gaat niet om een succesverhaal, het gaat niet alleen maar om wonderen en bijzondere tekenen (dat hoort er trouwens wel allemaal bij), maar het gaat om de Christus die we hoe dan ook altijd weer moeten leren kennen als de gekruisigde.

Er bestaat wel de neiging om van het kruis iets moois te maken. Je kunt ook kruisjes en kruizen in allerlei formaten kopen om ze om je hals te hangen. En daar is niets op tegen. Maar er is wel wat op tegen als van dat kruis iets prachtigs wordt gemaakt. Want dat is het niet. Het kruis is niet prachtig. Het kruis is lelijk. Het kruis is afzichtelijk. Het kruis is aanstootgevend.

Als je Jezus wilt vinden en volgen, zul je moeten beseffen dat je een gekruisigde Heer zult vinden en volgen. Want het kruis op Golgota en het werk dat Jezus aan dat kruis volbracht, verlaten door zijn Vader, is het meest fundamentele wat je je kunt voorstellen. Christelijk geloof zonder het kruis in het centrum is geen christelijk geloof meer. Het is daarom ook terecht dat het symbool van het kruis het meest centrale symbool is (naast vele andere zoals de vis of het Christusmonogram). En nogmaals: dat kruis is niet mooi. De voet van het kruis staat echt in de modder.

Het kruis staat voor onze zonden. Omdat wij moedwillig de verbondenheid met God in het paradijs hadden verbroken, moest Christus komen om de kloof tussen God en ons te dichten.

Het kruis staat voor onze verlorenheid. Zonder de dood van Jezus aan het kruis zouden wij verloren gaan en duizend doden sterven.

Het kruis staat voor onze zwakheid. Wij zijn van onszelf geen krachtige schepsels, mensen die er wezen mogen, maar gebroken, aarden potten.

Het kruis staat voor onze pijn. Zolang we leven in een wereld waarin het kruis als een omgekeerd zwaard in de aarde staat gestoken, zal er pijn zijn waarvoor genezing nodig is.

Het kruis staat voor Gods woede. Want God is verschrikkelijk kwaad over de zonde, over alles wat kapot is gegaan, over de verdorvenheid van mensen, over onrecht en geweld, over harde harten, harde woorden en harde oordelen. God is daar woedend over.

Het kruis staat voor Gods pijn. Want God lijdt verdriet vanwege de onvolmaaktheid die deze wereld beheerst, vanwege de kapotheid van de schepping die zo mooi en goed was. Alle kruiken van de wereld samen kunnen Gods tranen niet bevatten.

Het kruis staat voor Gods rechtvaardigheid. Want God kan de zonde niet over zijn kant laten gaan. Daar is hij te eerlijk voor. De waarachtigheid van zijn recht vraagt erom dat deze wereld weer recht wordt gezet.

Het kruis staat voor Gods liefde. 'Want God had de wereld zo lief dat hij zijn enige Zoon heeft gegeven, opdat iedereen die in hem gelooft niet verloren gaat, maar eeuwig leven heeft' (Johannes 3:16).

Jezus Christus is Gods offer.
Jezus Christus is Gods lam.
Jezus Christus is Gods prijs.

Ik zou je willen vragen om daar vandaag diep over door te denken. Er stil van te worden. Verbijsterd. Proef alsjeblieft ook dat het kruis een aanstoot is en een ergernis. Want we kunnen onszelf niet redden. Geef toe dat je dat ten diepste wel wilt. Belijd dat je het vaak ook denkt te kunnen. En kijk dan naar Jezus.

Hij is jouw redder.
Hij is jouw verlosser.
Hij is jouw heiland.

Door het kruis. Alleen door het kruis. Dat lelijke kruis, dat vervloekte kruis waarvan de voet in de modder staat. Kniel neer aan de voet van het kruis, in de modder en merk dat je schoongewassen wordt door het kostbare bloed van Gods Zoon. En ontdek dat dat kruis midden in deze wereld staat als een schreeuw om herstel van heel de schepping.

Om te doen

Niks doen vandaag. Want Jezus heeft alles gedaan.

Om te leren

Broeders en zusters, toen ik bij u kwam om u het geheim van God te verkondigen, beschikte ook ik niet over uitzonderlijke welsprekendheid of wijsheid. Ik had besloten u geen andere kennis te brengen dan die over Jezus Christus - de gekruisigde (1 Korintiërs 2:1-2).

Om te bidden

Jezus, heiland, dank u voor uw bittere en bange dood aan het kruis. Druk dat kruis als een zegel op mijn ziel, zodat ik er nooit meer los van kom. Bewaar me voor een gemakkelijke en oppervlakkige omgang met de ergernis van het kruis, en leer me om daarin al mijn heil te vinden. Dank u, Heer Jezus, dat ik u, samen met mijn broeders en zusters, mag kennen als de gekruisigde. Helpt u ons om u als gekruisigde Heer te vinden en te volgen en intens lief te hebben. Amen.

DAG 18

De Heer is waarlijk opgestaan!

Iemand zei eens dat hij zich er over verbaasde dat christenen zo buitengewoon veel belangstelling hebben voor de drie jaren dat Jezus op aarde zijn werk deed (en waarvan de vier evangeliën getuigen) en zo weinig voor het feit dat hij al tweeduizend jaar lang de levende is, die woont in de hemel en in ons hart en die ons nooit verlaat.

Ik begrijp die verbazing wel. Want voor veel gelovigen lijkt Jezus nog steeds dood te zijn: 'Hij is voor mij gekruisigd en nu heb ik de vergeving van de zonden en mag ik naar de hemel.' Dat lijkt wel eens de inhoud van het geloof te zijn van veel christenen. Past precies op een eurocent.

Ik geloof van harte dat Jezus Christus de levende is en dat dat ongelooflijk veel verschil maakt voor mijn leven van elke dag. Maar die aandacht voor de drie jaren dat Jezus op aarde werkte en die heel sterk in het teken van het lijden staan, zorgt er wat mij betreft voor dat ik nooit uit het oog verlies dat er in de handen van de opgestane wonden zitten, littekens van de gaten waar de spijkers doorheen waren gegaan. En altijd als ik probeer om me voor te stellen hoe Jezus naar de hemel ging, zie ik zijn zegenende armen en die handen met die gaten.

Daarom is er een aanduiding van Christus die me lief is geworden: hij is de gekruisigde opgestane, of de opgestane gekruisigde. Als we meer zo leren spreken over Jezus, dan zullen we het kruis nooit vergeten en dan zullen we zijn levendmakende kracht ook nooit vergeten.

En dan kunnen we vandaag ook voluit genieten van het leven van Jezus. Want je hoort het goed: 'De Heer is waarlijk opgestaan. Hij leeft!' Het leven van Christus staat voor zijn kracht in mijn leven. Met hem ben ik opgestaan en mag ik een leven leven dat vol is van zijn kracht, van zijn vreugde, van zijn zorg, van zijn heerlijkheid, van zijn eindeloze genade en barmhartigheid. In hem mag ik een krachtige christen zijn!

Al weer heel wat jaren geleden introduceerde Shell een nieuwe benzinesoort. De naam ervan is V-Power. V-Power staat voor een benzine die de automotor krachtig maakt:
- een betere acceleratie,
- meer vermogen,
- minder vuilafzetting,
- een betere conditie van de motor en
- minder verontreinigende uitlaatgassen.

Weet je wat de opstanding van Jezus betekent? Weet je wat het betekent dat je gelooft in de levende Christus? Dat er in jouw leven C-Power is, Christ-Power! De opstanding van Christus maakt van jou een krachtige christen. En als je gebruik maakt van deze C-Power, dan zal er dit gebeuren:
- je leven zal in een stroomversnelling komen,
- je zult een krachtiger geloofsleven krijgen,
- in je hart zal minder vuil zijn en meer reinheid komen,
- je geloof zal in betere conditie raken en
- je zult in je gevecht tegen het kwaad, dankzij Gods krachtige genade, overwinningen behalen.

Een van de redenen waarom veel christenen zo lauw zijn, is dat ze niet echt geloven in de kracht van Christus. Ze nemen genoegen met de genade van de vergeving, maar hebben niet zoveel behoefte aan de genade van de vernieuwing. Ze willen wel de kruisgenade ontvangen maar niet de krachtgenade. En ze denken daarmee God te eren: 'Kijk mij eens een armzalig christen zijn, daar wordt God alleen maar groter van.'

Maar zo eer je God niet. Je eert God niet door groot te denken over de zonde en de zondaar en klein over de Zoon. De Vader, die zijn Jezus zo mateloos bemint en bewondert, wordt verheerlijkt als we de volheid van zijn genade met beide handen willen aannemen. En in die volheid van genade vinden we ook kracht om bergen te verzetten. Ook in ons leven kan, dankzij de opgestane, het woord werkelijkheid worden dat in het leven van Paulus zo waar was: 'Ik ben tegen alles bestand door hem die mij kracht geeft'(Filippenzen 4:13). De opgestane gekruisigde deelt kracht uit aan ieder die met lege handen klaar staat. Sterker nog: de opgestane gekruisigde is in eigen persoon de kracht in wie wij alles kunnen. Door hem staan ook wij nu al op in een nieuw leven.

God is op zoek naar mensen die dat met hart en ziel geloven.
God is op zoek naar jou.

Om te doen

Langs de snelwegen zie je vaak reclame voor V-Power. Neem je voor om elke keer als je dat merk ziet staan (ook in folders of waar dan ook) even te denken aan de C-Power die we hebben door ons geloof in Christus, de Opgestane.

Om te leren

We zijn door de doop in zijn dood met hem begraven om, zoals Christus door de macht van de Vader uit de dood is opgewekt, een nieuw leven te leiden (Romeinen 6:4).

Om te bidden

Jezus Christus, u die leeft en leven geeft, want u bent God, wil mijn hart openen voor de gedachte dat ik in u alles kan wat u van mij vraagt. Bewaar me ervoor om, misschien wel met heel vrome redenen, te blijven in de zonde. Want u zegt het zelf in uw Woord, dat we niet bij de zonde mogen blijven om de genade te laten toenemen. Leer mij open te staan voor uw genadekracht en leer mij om daarin een sterke christen te worden, niet in eigen kracht. Amen.

DAG 19

De glorie van Jezus

Vandaag mag ik schrijven over een onderwerp dat ik zó geweldig mooi vind. Het is het allermooiste wat er is. Je raakt er nooit over uitgedacht en je raakt er nooit op uitgekeken. Altijd is het weer anders en nog mooier dan je dacht. Het gaat over de glorie van Jezus. Over zijn heerlijkheid en macht en verhevenheid. Over zijn schitterende uitstraling en zijn krachtige indrukwekkendheid. Want Jezus is machtig. Jezus is krachtig. En Jezus is prachtig.

Wat me een tijd geleden erg geraakt heeft, is dat Jezus vlak voordat hij definitief de weg naar het kruis op gaat (je hoort in de verte de soldaten al aankomen) in gebed is, en dat hij zijn gebed eindigt met deze vraag: 'Vader, u hebt hen aan mij geschonken, laat hen dan zijn waar ik ben. Dan zullen zij de grootheid zien die u mij gegeven hebt omdat u mij al liefhad voordat de wereld gegrondvest werd' (Johannes 17:24). Dit is Jezus' laatste wens, zijn ultieme verlangen: dat wij zijn grootheid, zijn glorie mogen zien! Je zou haast denken dat op dat moment onze zonden hem wel bezig zouden houden. Want ging Jezus daarvoor niet sterven aan het kruis? En natuurlijk, ook daarvoor is hij aan het kruis gestorven. Maar de vergeving van onze zonden is niet een einddoel. De vergeving van onze zonden is een stap op weg naar het einddoel: dat we de heerlijkheid van Christus zullen zien.

Dat zal pas in de hemel en op de nieuwe aarde volmaakt zijn. Daarvan ben ik me zeer bewust. Maar dat wil niet zeggen dat we hier op aarde niets van die heerlijkheid kunnen zien. Want we hebben niet alleen ogen in ons hoofd (waarmee we nu de glorie van Jezus inderdaad niet kunnen zien) maar we hebben ook nog de ogen van ons hart! En met die door de Geest aangeraakte ogen kunnen we nu al een blik werpen in de hemel om de glorie van Christus ons tegemoet te zien stralen. Het is overweldigend. Het is zo groot en zo licht en zo bijzonder.

En ik zou willen dat jij ook (nog meer) onder de indruk raakte van de heerlijkheid van Jezus. We zijn vaak zo bezig met van alles en nog wat. In ons dagelijkse leven, met al onze zorgen en vreugden, ons werk en ons gezin. Ook in het kerkelijke leven houden zoveel dingen die niet verkeerd maar ook niet belangrijk zijn ons vaak zo bezig dat we niet langer geconcentreerd zijn op dit ene grote, dit allermooiste, dit onvergankelijke dat altijd blijft: de glorie van Jezus.

Daarom wil ik je aanmoedigen om niet alleen vandaag maar ook in de tijd die komt veel bezig te zijn met de heerlijkheid van Gods Zoon (echt, er zijn mindere onderwerpen) en om Gods Geest te bidden of hij je ogen daarvoor wil openen. Want hoe mooi de dingen in ons leven ook kunnen zijn (naast wat moeilijk is), het gaat voorbij. Er komt een moment, al in dit leven, dat je zegt: heb ik me daar nu druk om gemaakt, heb ik daar nu zoveel tijd in gestoken?

Een Bijbelwoord dat mij daarbij erg helpt om me te concentreren op de glorie van Jezus, komt uit het boek Openbaring. Lees maar mee: 'Toen zei een van de oudsten tegen mij: 'Wees niet verdrietig. Want de leeuw uit de stam Juda, de telg van David, heeft de overwinning behaald, en daarom mag hij de boekrol met de zeven zegels openen.' Midden voor de troon, tussen de vier wezens en de oudsten, zag ik een lam staan' (Openbaring 5:5-6). We zien Jezus hier als een leeuw. Een leeuw is bewonderenswaardig vanwege zijn kracht en koninklijkheid. Maar deze leeuw in de hemel is tegelijk een lam. Een lam is bewonderenswaardig vanwege zijn zachtmoedigheid en liefelijkheid.

Jezus Christus is leeuw en lam tegelijk!

In hem gaan totaal verschillende volmaaktheden samen. Dat is zijn heerlijkheid, zijn glorie, zijn luister die al onze aanbidding waard is: dat in hem alle voortreffelijkheden samengaan.

Wij bewonderen en verheerlijken hem om zijn grootheid, maar meer nog omdat zijn grootheid samengaat met zijn nederigheid.

Wij bewonderen en verheerlijken hem om zijn rechtvaardigheid, maar meer nog omdat zijn rechtvaardigheid samengaat met zijn barmhartigheid.

Wij bewonderen en verheerlijken hem om zijn goddelijkheid, maar meer nog omdat zijn goddelijkheid samengaat met zijn menselijkheid.

Wij bewonderen en verheerlijken hem om zijn opstandingskracht, maar meer nog omdat zijn opstandingskracht samengaat met de zwakheid die zichtbaar werd aan het kruis.

Wij bewonderen en verheerlijken hem om zijn ondoorgrondelijke wijsheid, maar meer nog omdat zijn wijsheid samengaat met zijn eenvoud.

De Geest van Jezus wil onze ogen openen voor deze stralende werkelijkheid en ons brengen tot aanbidding: 'Het lam dat geslacht is, komt alle macht, rijkdom en wijsheid toe, en alle kracht, eer, lof en dank' (Openbaring 5:12)!

Om te doen

Bewonder de ondergaande zon, de sterrenhemel bij een heldere nacht, een regenboog, een waterval. Geniet van een schilderij, een mooi muziekstuk, de kleuren in de natuur. En bedenk daarna één ding: de schoonheid van Jezus overtreft dit alles verre!

Om te leren

Vader, u hebt hen aan mij geschonken, laat hen dan zijn waar ik ben. Dan zullen zij de grootheid zien die u mij gegeven hebt omdat u mij al liefhad voordat de wereld gegrondvest werd (Johannes 17:24).

Om te bidden

Heer Jezus Christus,
wat bent u groot en wat bent u klein,
wat bent u sterk en wat bent u zwak,
wat bent u wijs en wat bent u eenvoudig,
wat bent u verheven en wat bent u nederig,
wat bent u rijk en wat bent u arm,
wat bent u al mijn aanbidding waard!
Amen.

DAG 20

Christus, de schepper

Vandaag gaan we Jezus Christus leren kennen als de schepper van hemel en aarde. Misschien klinkt dat je wat vreemd in de oren. God de Vader is toch de schepper?

Maar lees dan eens mee met wat er in de Bijbel gezegd wordt over Jezus, de Zoon van Gods liefde: 'Beeld van God, de onzichtbare, is hij, eerstgeborene van heel de schepping: in hem is alles geschapen, alles in de hemel en alles op aarde, het zichtbare en het onzichtbare, vorsten en heersers, machten en krachten, alles is door hem en voor hem geschapen. Hij bestaat vóór alles en alles bestaat in hem' (Kolossenzen 1:15-17).

Er wordt wel eens gezegd dat de aandacht voor een persoonlijke relatie met Jezus ten koste gaat van onze betrokkenheid op de schepping. En dat omgang met Jezus je in de binnenkamer brengt met voorbijzien van het alledaagse leven in de aardse werkelijkheid. Maar dat moet dan toch een groot misverstand zijn, dat berust op een gebrekkige kennis van Christus. Want Christus leren kennen betekent hem leren kennen als de Heer van je hart én als de Heer van het heelal. Daarin proef je weer iets van de glorie van Jezus, dat het allebei tegelijk waar kan zijn: de Heer van je hart is de Heer van het heelal!

Dat Jezus ook alles te maken heeft met de schepping, komen we drie keer in het eerste hoofdstuk van een Bijbelboek tegen: Genesis 1, Johannes 1 en het al genoemde Kolossenzen 1.

In Genesis 1 maken we al kennis met de drie-enige God die in al zijn volheid betrokken is bij het scheppingswerk. 'In het begin schiep God de hemel en de aarde. De aarde was nog woest en doods, en duisternis lag over de oervloed, maar Gods geest zweefde over het water. God zei: 'Er moet licht komen,' en er was licht' (Genesis 1:1-3). Zie je het? God (de Vader) schept in het begin. God de Geest, zwevend over het water, is er helemaal bij betrokken. En God de Zoon ontmoeten we in het gesproken Woord. Want Christus is het Woord van God.

De scheppingskracht van Jezus Christus zien we ook terug in het eerste hoofdstuk van het Johannes-evangelie. Over het Woord, dat is Christus, wordt gezegd: 'Alles is erdoor ontstaan en zonder dit is niets ontstaan van wat bestaat. In het Woord was leven en het leven was het licht voor de mensen' (Johannes 1:3-4). Dat de woorden van Jezus die hij sprak op aarde levend waren, heeft alles te maken met zijn creatieve betrokkenheid op de schepping die als orde uit de chaos werd wakker geroepen door de sprekende God. Niets is geworden zonder Christus. Niets wordt zonder Christus. Zonder Christus wordt het ook nooit wat.

En dan zijn we weer terug bij Kolossenzen 1. Wat staat het daar helder en magistraal op Schrift. De Jezus van het kruis, de Jezus die timmerde in Nazaret, de Jezus die wandelde door de bergen van het beloofde land en voer op de wateren van datzelfde land, de Jezus die aan het meer van Galilea brood vermenigvuldigde, deze Jezus is de schepper van hemel en aarde (samen met zijn Vader en zijn Geest). En het gaat nog verder. Want alle dingen zijn niet alleen door hem geschapen, ze zijn ook allemaal voor hem geschapen. En dan wordt ook Psalm 19 bijvoorbeeld een lied voor Christus: 'De hemel verhaalt van Gods majesteit, het uitspansel roemt het werk van zijn handen' (Psalm 19:2).

Als ik kijk naar de sterrenhemel, als ik loop op het strand, als ik rust in de schaduw van een loofboom, als ik een berg beklim, als ik zwem in het water van een bosmeertje, als ik schaats op een Nederlands kanaal, als ik vogels kijk, als ik zit in mijn achtertuin, als ik wandel door de stad, als ik de aarde omspit of als ik bomen snoei, als ik streel of gestreeld wordt, als ik doe aan milieubeheer, als ik opkom voor diersoorten die dreigen uit te sterven, als ik geniet van de ondergaande zon en als ik meebeleef dat er in de schepping zoveel stuk is - dan ben ik dichtbij Jezus, de schepper.

Nog één stap verder gaan we nu: 'Hij bestaat vóór alles en alles bestaat in hem.' (Kolossenzen 1:17). Christus zorgt voor ons. Pas kort geleden viel het me op dat de dagelijkse zorg, die meestal verbonden wordt met onze Vader in de hemel, aan het begin van de Heidelbergse Catechismus in de vertrouwde handen van Jezus Christus wordt gelegd: 'Hij bewaart mij zo, dat zonder de wil van mijn hemelse Vader geen haar van mijn hoofd kan vallen.' Christus zorgt voor mij. Christus zorgt voor ons. Christus houdt deze wereld in zijn handen. Christus zegent de aarde met de zegen die hij gaf terwijl Hij naar de hemel ging. In zijn scheppende handen, die doorboorde handen van de gekruisigde en opgestane schepper van de hemel en de aarde, zijn we veilig. Alles bestaat in hem!

Om te doen

De Christus die we in de Schrift ontmoeten, leren we ook kennen in de schepping. Verheerlijk daarom hem als je geniet van de natuur, als je zit in de tuin of rondwandelt in een winterlandschap. Erken en verheerlijk de Heer van je hart als de Heer van het heelal.

Om te leren

In hem is alles geschapen, alles in de hemel en alles op aarde, het zichtbare en het onzichtbare, vorsten en heersers, machten en krachten, alles is door hem en voor hem geschapen. Hij bestaat vóór alles en alles bestaat in hem (Kolossenzen 1:16-17).

Om te bidden

Heer Jezus Christus, u die schepper bent, de hemel verhaalt van uw eer en ik wil daarin meedoen: wat bent u machtig en groot en eindeloos zorgzaam. Ik prijs u vanwege uw almacht waarmee u alles in stand houdt en regeert. Leer mij om de schepping en de dagelijkse werkelijkheid van mijn leven te ontdekken als plaatsen waar ik u ontmoet. Amen.

DAG 21

De dag van Christus

Leven met Christus is leven vanuit de toekomst. Want Jezus komt terug. 'Jezus, die uit jullie midden in de hemel is opgenomen, zal op dezelfde wijze terugkomen als jullie hem naar de hemel hebben zien gaan' (Handelingen 1:11). De levende Christus is de komende Christus.

Ik zal eerlijk zijn: rond de terugkomst van Christus heb ik altijd wat gemengde gevoelens. Aan de ene kant omdat God het leven hier en nu vaak ook al op zo'n overvloedige manier zegent. Het blijkt mogelijk te zijn: op aarde al de geweldigde glorie van Jezus proeven en er iets van zien met de ogen van het hart. En de genade van Jezus is hier ook al zo concreet tastbaar aanwezig en ik verheug me daarin. En het kennen van de gemeenschap met Christus, de werkelijk hartelijke verbondenheid met mijn Heer, ik raak er maar niet over uitgedacht en op uitgekeken.

Natuurlijk weet ik ook van het lijden in deze wereld, van het intense verdriet dat als een deken over de aarde ligt, van de dood die harteloos toeslaat, van de ongenadige en meedogenloze wijze waarop mensen met elkaar omgaan, van de duivel die rondgaat als een brullende leeuw. Het is het lijden dat Jezus hier ondergaan en gedragen heeft om ons te bevrijden van het oordeel. En toch, maar dan spreek ik voor mezelf: het leven op aarde - met Jezus - is ook zo intens mooi en vreugdevol. En daarom heb ik altijd wat gemengde gevoelens rond de terugkomst van Jezus. Waarschijnlijk omdat ik absoluut nog niet in de gaten heb hoe eindeloos veel mooier het zal zijn om Jezus Christus te kennen en oog in oog met hem te staan.

Aan de andere kant: als de Bijbel spreekt over de dag waarop Jezus terugkomt, dan zie ik ook zoveel dingen die me angst aanjagen. Onverhuld spreekt Christus daarover in zijn rede over de laatste dingen. Laten we even samen luisteren naar wat hij zegt tegen zijn leerlingen, wanneer zij vragen wat het teken zal zijn van Christus' komst en van de voleinding van de wereld:

'Pas op dat niemand jullie misleidt. Want er zullen velen komen die mijn naam gebruiken en zeggen: "Ik ben de messias," en ze zullen veel mensen misleiden. Jullie zullen berichten horen over oorlogen en oorlogsdreiging' (Matteüs 24:4-6).

'Het ene volk zal tegen het andere ten strijde trekken en het ene koninkrijk tegen het andere, en overal zullen er hongersnoden uitbreken en zal de aarde beven: dat alles is het begin van de weeën. Dan zal men jullie onderdrukken en doden, en jullie zullen door alle volken worden gehaat omwille van mijn naam' (Matteüs 24:7-9).

'Want het zal een tijd zijn van enorme verschrikkingen, zoals er sinds het ontstaan van de wereld tot nu nooit geweest zijn en er ook niet meer zullen komen' (Matteüs 24:21).

'Meteen na de verschrikkingen van die dagen zal de zon verduisterd worden en de maan geen licht meer geven, de sterren zullen uit de hemel vallen en de hemelse machten zullen wankelen. Dan zal aan de hemel het teken zichtbaar worden dat de komst van de Mensenzoon aankondigt, en alle stammen op aarde zullen zich van ontzetting op de borst slaan als ze de Mensenzoon zien komen op de wolken van de hemel, bekleed met macht en grote luister' (Matteüs 24:29-30).

Kijk, die macht en grote luister, die spreken me direct aan. Wat moet het buitensporig indrukwekkend zijn om, als je jouw Jezus verwacht uit de hemel, hem zo te zien komen. Ik denk dat dan pas duidelijk wordt wat dit wil zeggen: 'Christus is alles' (Kolossenzen 3:11). Maar al dat andere, die verdrukking en vervolging, de duisternis, de verleiding, de oorlogen en de vervolging - dat hoort dus ook allemaal bij de komende Christus. Want onze redder is ook de rechter. Hij zal oordelen. Lees er Matteüs 25 maar op na.

Leven met Christus is leven vanuit de toekomst. Het leven hier en nu wordt al in hoge mate gestempeld doordat hij komt. En dan zijn er maar twee wegen. De ene weg is de weg van angst en schrik vanwege het volkomen terechte oordeel dat de Zoon van God zal vellen. En daar moeten we maar niet luchthartig over doen.

De andere weg, zo veel verkieslijker en ook door Jezus zelf zozeer aanbevolen, is de weg van het leven in Christus. Een leven van overgave aan zijn liefde. Een leven waarin de toekomst al naar mij toekomt, zodat ik hier en nu al geniet, intens geniet van Christus' glorie.

Ik bid dat jij en ik samen steeds meer leren belijden en beleven wat in de Nederlandse Geloofsbelijdenis staat, in artikel 37: 'Daarom verwachten wij die grote dag met sterk verlangen, om ten volle te genieten de beloften van God in Jezus Christus, onze Heer.'

Om te doen

Lees vandaag de krant eens met in je achterhoofd wat je nu gelezen hebt. Zie je tekens van de komende Christus?

Om te leren

Dan zal aan de hemel het teken zichtbaar worden dat de komst van de Mensenzoon aankondigt, en alle stammen op aarde zullen zich van ontzetting op de borst slaan als ze de Mensenzoon zien komen op de wolken van de hemel, bekleed met macht en grote luister (Matteüs 24:30).

Om te bidden

Heer Jezus Christus, u komt terug, en ik probeer te beseffen hoe dat mijn leven nu al in een totaal ander daglicht plaatst. Ik bid u of u door de kracht van de Geest wilt geven dat ik voorbereid ben op uw komst, dat die grote dag me niet overvalt, maar dat ik nu al leef met u als mijn grootste schat. Geef bekering aan wie u nog niet kennen of niet meer willen kennen. Ontferm u, komende Christus, uit genade. Amen.

DEEL 4

In de Geest van Jezus

In de Bijbel ontmoeten we naast de Vader en de Zoon ook de Geest. Maar als we denken dat we dan met een ‘andere God’ te maken hebben, zitten we er helemaal naast. Het is de Geest er om te doen dat we Jezus zien als de weg om bij de Vader te komen. Het is de Geest er om te doen dat we opgenomen worden in de gemeenschap die er is in de Drie-enige God. Het is de Geest er om te doen Christus aan ons uit te delen, Christus met alles wat in hem is.

DAG 22

Christus en de Geest

Jezus is niet denkbaar zonder de heilige Geest. Nog iets sterker gezegd: zonder de heilige Geest zou Jezus er niet zijn geweest.

Als we nadenken over de persoon en het werk van de heilige Geest, is het heel belangrijk om hem vooral te leren kennen als de Geest van Christus. Want ik geloof dat een van de belangrijke valkuilen voor de kerken in deze tijd is, dat de band tussen de Geest en Christus wordt losgemaakt. Dat kan naar twee kanten toe.

Charismatische christenen lopen het gevaar om de Geest los te maken van Christus. Dan kun je uitkomen bij heel veel aandacht voor de bijzondere gaven van de Geest en heel weinig aandacht voor het kruis en het bloed van Jezus Christus en de onvolkomenheid van het bestaan. Gereformeerde christenen lopen het gevaar om Christus los te maken van de Geest. Dan kun je uitkomen bij een christelijk geloof waarin maar weinig ruimte is voor het inspirerende en vernieuwende werk van de Geest in het leven van Gods kinderen. Als we íets moeten leren in deze tijd, dan is dat dit: Christus en de Geest zijn onlosmakelijk met elkaar verbonden.

Op deze eerste dag waarop we Christus beter willen leren kennen vanuit het perspectief van de Geest, wil ik er alle nadruk op leggen dat Christus allereerst de gave van de Geest aan de kerk is. Ja, dat lees je goed: Jezus Christus is de gave van de Geest aan de kerk. Meestal zeggen we het andersom: de Geest is de gave van Christus aan de kerk. Maar met even veel bijbels recht kun je het omgekeerde beweren. Want is het je wel eens opgevallen hoe groot en belangrijk de rol van de heilige Geest is als Jezus in de wereld komt?

De geboorte van Jezus is niet denkbaar zonder de Geest. Want dit is wat de engel zegt tegen Maria: 'De heilige Geest zal over je komen en de kracht van de Allerhoogste zal je als een schaduw bedekken. Daarom zal het kind dat geboren wordt, heilig worden genoemd en Zoon van God' (Lucas 1: 35). De heilige Geest neemt om zo te zeggen het initiatief in het leven van Maria. Door zijn kracht wordt zij zwanger van Jezus. En let er ook eens op hoe in Lucas 1 verteld wordt dat alle direct betrokkenen rond de geboorte van Jezus vervuld worden met de Geest: Johannes, Elisabet, Maria, Zacharias. En in Lucas 2 ook nog eens Simeon en Anna.

Het begin van Jezus' openbare optreden is niet denkbaar zonder de heilige Geest. Kijk maar mee als hij wordt gedoopt: 'In die tijd kwam Jezus vanuit Nazaret, dat in Galilea ligt, naar de Jordaan om zich door Johannes te laten dopen. Op het moment dat hij uit het water omhoogkwam, zag hij de hemel openscheuren en de Geest als een duif op zich neerdalen, en er klonk een stem uit de hemel: 'Jij bent mijn geliefde Zoon, in jou vind ik vreugde" (Marcus 1:9-11). En direct na de doop is het opnieuw de Geest die het initiatief neemt: 'Meteen daarna dreef de Geest hem de woestijn in. Veertig dagen bleef hij in de woestijn, waar hij door Satan op de proef werd gesteld. Hij leefde er te midden van de wilde dieren, en engelen zorgden voor hem' (Marcus 1:12-13). Let er dus op hoe cruciaal de rol van de Geest is aan het begin van Jezus' leven en bediening.

De verkondiging van Jezus is niet denkbaar zonder de heilige Geest. Want na de verzoeking in de woestijn zegt de Bijbel dit: 'Jezus keerde, gesterkt door de Geest, terug naar Galilea. Het nieuws over hem verspreidde zich in de hele streek. Hij gaf onderricht in de synagogen en werd door allen geprezen' (Lucas 4:14-15). En de eerste preek van Jezus waarvan we in het evangelie horen, begint met een citaat uit de profetieën van Jesaja: 'De Geest van de Heer rust op mij, want hij heeft mij gezalfd. Om aan armen het goede nieuws te brengen heeft hij mij gezonden' (Lucas 4:18).

Zo ontmoeten we in het begin van het evangelie de Christus van de Geest, de Jezus die alleen in de kracht van de heilige Geest leven en werken kan. En telkens wanneer we de naam van Christus uitspreken, worden we herinnerd aan de intense en onlosmakelijke verbondenheid van Gods Zoon met Gods Geest. Want Christus betekent: gezalfde. Gezalfd namelijk met de heilige Geest. Alleen zo, in de kracht van de Geest kon Jezus Christus zijn wie hij was.

Daarom is ook de Geest al onze aanbidding waard! Want hij gaf ons Christus. En nog steeds is hij het die ons Christus toe-eigent. Want zoals Christus niet kon leven op de aarde zonder de Geest, zo kan Christus ook nu niet in onze harten leven zonder de Geest.

Om te doen

Ga voor jezelf eens na hoe jij denkt over de verhouding tussen Christus en de Geest. Zijn zij voor jou eigenlijk twee heel verschillende Personen? En wie van de twee krijgt in jouw geloofsleven eigenlijk meer aandacht?

Om te leren

De Geest van de Heer rust op mij, want hij heeft mij gezalfd. Om aan armen het goede nieuws te brengen heeft hij mij gezonden, om aan gevangenen hun vrijlating bekend te maken en aan blinden het herstel van hun zicht, om onderdrukten hun vrijheid te geven, om een genadejaar van de Heer uit te roepen (Lucas 4:18-19).

Om te bidden

Machtige God, dank u dat u door uw Geest uw Zoon in de wereld hebt gebracht. Dank u dat ik Jezus mag kennen als de gave van de Geest aan uw kerk. Ik bid u of u ons in de waarheid wilt leiden als we nadenken over Christus en de Geest, en dat we hun onlosmakelijke verbondenheid vieren en bejubelen. Dank u, heilige Christus, dat u de Christus van de Geest bent. Dank u, heilige Geest, dat u de Geest van de Christus bent. Tot eer van u, liefdevolle Vader. Amen.

DAG 23

De Geest verheerlijkt Jezus

We ontdekten op de vorige dag dat Jezus de gave van de Geest is en dat hij alles wat hij op aarde kwam doen, deed in de kracht van die Geest. Maar nadat Jezus is opgestaan, lijken de rollen helemaal te zijn omgedraaid. Het is nu de verheerlijkte Christus die zijn Geest geeft aan de gemeente.

Zo spreekt Petrus daarover op de Pinksterdag, in een preek die vol is van Jezus: 'Jezus is door God tot leven gewekt, daarvan getuigen wij allen. Hij is door God verheven, zit aan zijn rechterhand, en heeft van de Vader de heilige Geest, die ons beloofd is, ontvangen. Die Geest heeft hij op ons doen neerdalen, en dat is wat u ziet en hoort' (Handelingen 2:32-33). Nu is de Geest dus de gave van Christus geworden aan zijn gemeente op aarde.

En dan is het heel belangrijk om weer de intense verbondenheid tussen de Geest en de Christus te zien. In de laatste gesprekken van Jezus met zijn leerlingen ging het ook veel over de Geest die komen zou. En dan zijn er eigenlijk twee lijnen in het spreken over de Geest.

Op de eerste lijn lijken Christus en de Geest bijna samen te vallen. Zo kan Jezus, als hij zijn leerlingen troost in verband met zijn naderende afscheid, zeggen: 'Ik laat jullie niet als wezen achter, ik kom bij jullie terug' (Johannes 14:18). Hij doelt hier op het komen van de Geest. In die Geest hebben we weer helemaal met Jezus zelf te maken. De Geest is om zo te zeggen de nieuwe manier waarop hij onder ons en in ons op aarde is.

De tweede lijn laat meer afstand tussen de Geest en Christus. Want Jezus zegt ook: 'Dan zal ik de Vader vragen jullie een andere pleitbezorger te geven, die altijd bij je zal zijn' (Johannes 14:16). De Geest is dus een ándere pleitbezorger. Jezus gaat naar de hemel om daar aan de rechterhand van de Vader te zitten, en vanuit de hemel stuurt hij dan zijn plaatsvervanger op aarde.

Ik geloof dat het belangrijk is om deze twee lijnen niet van elkaar los te maken, of om de ene lijn ten koste van de andere eenzijdig te benadrukken. Ik zeg dat zo nadrukkelijk omdat dat volgens mij wel veel gebeurt. Heel vaak heb ik, als er aandacht werd gevraagd voor het werk van de Geest, waarschuwend horen zeggen: 'Maar het is wel de Geest van Chrístus! De Geest vraagt geen aandacht voor zichzelf, hij verheerlijkt de Zoon!' En daarbij werd dan een brede armzwaai gemaakt: 'De Geest wijst van zichzelf af naar Christus: gekruisigd op Golgota, zittend aan Gods rechterhand en weerkomend op de wolken'.

Maar deze voorstelling van zaken doet geen recht aan de intense verbondenheid van de Geest en Christus. Zeker, het is helemaal waar: de Geest verheerlijkt Jezus! Hij wil niets liever. Het is zijn lust en zijn leven om Jezus Christus groot te maken en om het volle licht op hem te laten vallen, die het licht voor de wereld is. Zo spreekt Jezus daar zelf ook over: 'De Geest van de waarheid zal jullie, wanneer hij komt, de weg wijzen naar de volle waarheid. Hij zal niet namens zichzelf spreken, maar hij zal zeggen wat hij hoort en jullie bekendmaken wat komen gaat. Door jullie bekend te maken wat hij van mij heeft, zal hij mij eren' (Johannes 16:13-14). En de centrale vraag is nu: hoe verheerlijkt de Geest Jezus?

De Geest verheerlijkt Jezus door hem zichtbaar te maken. Want hij opent de ogen van ons hart voor de glorie van Christus (Efeziërs 1:17-18).

De Geest verheerlijkt Jezus door zijn woorden te spreken. De woorden van Jezus laat hij landen in ons hart en ons leven (Kolossenzen 3:16).

De Geest verheerlijkt Jezus door zijn aanwezigheid op aarde te zijn. In de Geest is hij met ons, alle dagen tot aan de voltooiing van deze wereld (Matteüs 28:20).

De Geest verheerlijkt Jezus door hem ervaarbaar te maken. Leven met Christus is genieten van het wandelen door de Geest en merken dat je leven daardoor opbloeit (Galaten 5:16).

De Geest verheerlijkt Jezus door ons te laten delen in de vrijheid van Christus. Want alleen Christus maakt werkelijk vrij (2 Korintiërs 3:17).

De Geest verheerlijkt Jezus door hem in ons hart te brengen. Door het geloof gaat Christus wonen in ons hart (Efeziërs 3:17).

De Geest verheerlijkt Jezus door ons te vormen naar zijn beeld. Want we mogen, als kinderen van God, door zijn vernieuwende werk steeds meer op de Zoon van God gaan lijken (Romeinen 8:30).

De Geest verheerlijkt Jezus door ons te laten streven naar wat boven is, waar Christus zit aan de rechterhand van God (Kolossenzen 3:1).

Reduceer de Geest dus nooit tot zoiets als een ANWB-bord, dat slechts de weg wijst. In de Geest hebben we met Jezus Christus zelf te maken.

Om te doen

Terwijl ik dit schrijf, zie ik de lichtinval van de zon die via het raam van mijn zolderkamer naar binnenkomt. Stel je dat nog eens wat verder voor en probeer de heilige Geest te zien als Christus' lichtinval in jouw leven.

Om te leren

Moge de God van onze Heer Jezus Christus, de vader van alle luister, u een geest van inzicht schenken in wat geopenbaard is, opdat u hem zult kennen. Moge uw hart verlicht worden, zodat u zult zien waarop u hopen mag nu hij u geroepen heeft (Efeziërs 1:17-18).

Om te bidden

Heilige Geest, ook u bent al onze aanbidding waard. Dank u dat u Jezus Christus heel persoonlijk vertegenwoordigt hier op aarde. Dank u dat het uw lust en uw leven is om Jezus zichtbaar te maken voor ons en in ons. Dank u dat u net als Jezus een pleitbezorger en trooster bent. Geef dat ik mag groeien door uw Woord en werk in mij in het kennen en intens beminnen van Jezus, mijn Heer en mijn God. Amen.

DAG 24

God wil wonen bij de mensen

Een groot deel van mijn leven heb ik gedacht dat het hoofdthema van de Bijbel was: de zonde en de vergeving van de zonde. En hoe belangrijk dat ook is, de hoofdlijn van de Bijbel is toch een andere (want de Bijbel begint niet in Genesis 3), namelijk deze: God wil wonen bij de mensen.

Eigenlijk kan dat ook al heel snel duidelijk zijn als je let op het begin en het einde van de Bijbel. Het begint allemaal in Genesis 1. Daar is eerst nog woestheid en doodsheid: de aarde was een onbewoonbaar oord. Maar God had een verlangen: de gemeenschap die in hemzelf was - want hij was al van eeuwigheid de Drie-enige God - openstellen naar buiten toe. En daarom wilde hij mensen maken om met hen om te gaan en bij hen te wonen. Maar daarvoor was eerst een plek nodig waar gewoond kon worden. Dat werd de aarde. Als je Genesis 1 op je in laat werken, dan zie je dat God er in heel zijn schepping naar toewerkt dat de mensen kunnen wonen en dat hij bij hen kan zijn. Want God wil wonen bij de mensen. Dat de zonde daar als een ontstellende breuk tussen is gekomen - het doet niets af aan Gods diepe verlangen: alles stelt hij in het werk om het samen wonen weer mogelijk te maken.

En zo loopt de Bijbel uit op de slothoofdstukken van Openbaring, waar we een vergezicht ontvangen van de toekomst. Zoals alles begon in een paradijs, eindigt alles in een stad: ‘Ik zag een nieuwe hemel en een nieuwe aarde. Want de eerste hemel en de eerste aarde zijn voorbij, en de zee is er niet meer. Toen zag ik de heilige stad, het nieuwe Jeruzalem, uit de hemel neerdalen, bij God vandaan. Ze was als een bruid die zich mooi heeft gemaakt voor haar man en hem opwacht. Ik hoorde een luide stem vanaf de troon, die uitriep: 'Gods woonplaats is onder de mensen, hij zal bij hen wonen. Zij zullen zijn volken zijn en God zelf zal als hun God bij hen zijn" (Openbaring 21:1-3).

Als je deze hoofdlijn van de Bijbel eenmaal te pakken hebt, zie je het overal terug. Ik schrijf maar gewoon een aantal Bijbelteksten uit:

'Wijzelf zijn de tempel van de levende God, zoals God heeft gezegd: 'Ik zal bij hen wonen en in hun midden verkeren, ik zal hun God zijn en zij mijn volk" (2 Korintiërs 6:16).

'Zo bent u dus geen vreemdelingen of gasten meer, maar burgers, net als de heiligen, en huisgenoten van God, gebouwd op het fundament van de apostelen en profeten, met Christus Jezus zelf als de hoeksteen. Vanuit hem groeit het hele gebouw, steen voor steen, uit tot een tempel die gewijd is aan hem, de Heer, in wie ook u samen opgebouwd wordt tot een plaats waar God woont door zijn Geest' (Efeziërs 2:19-22).

'Het Woord is mens geworden en heeft bij ons gewoond, vol van goedheid en waarheid, en wij hebben zijn grootheid gezien, de grootheid van de enige Zoon van de Vader' (Johannes 1:14).

En dan met een reuzensprong terug in het Oude Testament: 'Ik zal te midden van de Israëlieten wonen, en ik zal hun God zijn. En zij zullen inzien dat ik, de HEER, hun God ben, die hen uit Egypte bevrijd heeft om in hun midden te wonen. Ik ben de HEER, hun God' (Exodus 29:45-46).

Telkens als er in de Bijbel sprake is van een tabernakel, een tempel, een gebouw of een tent, moet ons dat herinneren aan Gods wens om te wonen bij de mensen. Aan de Hebreeuwse taal is er een woord ontleend waarin dat duidelijk wordt. Het is het woord Sjechina, dat gevormd wordt van 'sjachan', dat wonen betekent. Die Sjechina van God zie je voor je in Exodus 40: 'Toen werd de ontmoetingstent overdekt door een wolk en werd de tabernakel gevuld door de majesteit van de HEER. Mozes kon de ontmoetingstent niet meer binnengaan, want de wolk rustte daarop en de majesteit van de HEER vulde de tabernakel' (Exodus 40:34-35). Hier is het woord 'sjachan' vertaald door het rusten van de wolk. Sjechina is: dat God aanwezig is, dat God woont bij de mensen. Het is zijn heerlijke aanwezigheid en zijn liefdevolle tegenwoordigheid.

En waarom schrijf ik dit nu allemaal op? Omdat in Christus God weer woont onder de mensen! Omdat God in de Geest weer woont onder de mensen! Want daar is het hem om te doen. En voor dat wonen is de vergeving van de zonden de onmisbare voorwaarde: zonder kruis op Golgota is het wonen van God ondenkbaar. Maar het gaat dus om het wonen.

Ik hoop dat je dit onthoudt en dat je erdoor verwonderd raakt: God wil wonen bij de mensen. Hij doet dat nu op de manier van de Geest van Christus. In hem ervaren we Gods liefdevolle aanwezigheid in ons midden. In hem ondergaan we zijn heerlijke tegenwoordigheid onder ons.

En het gaat nog dieper: God wil door de Geest van Christus blijvend wonen in jouw hart. Jouw hart is een tempel, een tent, een gebouw, een stad voor Jezus.

Om te doen

Je woont ongetwijfeld in een huis. Beleef eens een dag lang bewust dat God wil wonen in jouw hart zoals jij woont in jouw huis.

Om te leren

Wijzelf zijn de tempel van de levende God, zoals God heeft gezegd: 'Ik zal bij hen wonen en in hun midden verkeren, ik zal hun God zijn en zij mijn volk' (2 Korintiërs 6:16).

Om te bidden

Drie-enige God, wat vind ik het heerlijk om te weten en te ondergaan dat u wilt wonen bij de mensen. En dat u zelf alles in het werk hebt gesteld om in uw liefde de breuk, die de zonde heeft gebracht en nog steeds brengt, te herstellen door het leven en sterven van uw Zoon. Dank u, Heer Jezus, dat u tijdelijk wilde wonen aan het kruis, en dat u als de opgestane gekruisigde door uw Geest woning maakt in deze wereld en in onze harten. Vervul mij en uw gemeente en deze wereld met uw liefdevolle aanwezigheid. Amen.

DAG 25

De Geest en de waarheid

Het werk van de Geest wordt door veel gelovigen direct in verband gebracht met ervaring en gevoel: 'Als je de Geest ontvangt, als je vol raakt van hem, dan ga je de mooiste dingen meemaken!' En dat geloof ik ook van harte: als je vervuld bent met de Geest, gaan er in je leven gevoelens stromen, die je eerder niet kende. Want de Geest maakt je gevoel vrij zodat er emoties loskomen van verdriet en vreugde en van liefde die je ervaart in de intieme nabijheid van Jezus.

Maar vandaag gaan we het hebben over de Geest en de waarheid. Dat lijkt zo op het eerste gezicht niet zo heel logisch om die twee te verbinden. Zijn waarheid en gevoel niet onverzoenlijk? Sluiten waarheid en liefde elkaar niet uit?

In de Bijbel wordt naast de liefde ook de waarheid heel nauw verbonden met de Geest van Christus. Zo zegt Jezus, als zijn afscheid dichterbij komt: 'Ik heb jullie nog veel meer te zeggen, maar jullie kunnen het nog niet verdragen. De Geest van de waarheid zal jullie, wanneer hij komt, de weg wijzen naar de volle waarheid. Hij zal niet namens zichzelf spreken, maar hij zal zeggen wat hij hoort en jullie bekendmaken wat komen gaat' (Johannes 16:12-13). En al eerder had hij gezegd: 'Dan zal ik de Vader vragen jullie een andere pleitbezorger te geven, die altijd bij je zal zijn: de Geest van de waarheid. De wereld kan hem niet ontvangen, want ze ziet hem niet en kent hem niet. Jullie kennen hem wel, want hij woont in jullie en zal in jullie blijven' (Johannes 14:16-17).

De Geest van Christus is dus de Geest van de waarheid. Er bestaat onder christenen wel eens de neiging om eigen gevoelens en ervaringen voor waar te houden omdat die gevoelens en ervaringen zo liefdevol zijn. En vergis je niet: in Christus geloven brengt liefdevolle gevoelens en ervaringen met zich mee! Want de God van ons leven heeft zeker geen specifieke voorkeur voor onze verstandelijke vermogens. Evenmin als hij dat trouwens heeft voor ons gevoelsleven of voor onze daadkracht. God spreekt en raakt door de Geest van Jezus ons hele mens-zijn aan, om alle aspecten te vernieuwen tot zijn eer.

Daarbij gaat het er dus ook om dat iets waar is: dat het overeenstemt met Gods openbaring. Want Gods Woord is de waarheid. Zo kan Jezus bidden voor ons, zijn volgelingen: 'Heilig hen dan door de waarheid. Uw woord is de waarheid' (Johannes 17:17).

In een tijd waarin er veel aandacht is voor het gevoel (en daar is naast veel slechts ook veel goeds over te zeggen), is het van wezenlijk belang dat we elkaar ook steeds weer willen meenemen naar het Woord van de waarheid, dat we samen ook steeds weer bidden om de vervulling met de Geest van de waarheid en dat we samen ontdekken dat Jezus de waarheid in eigen persoon is Alleen zijn woorden zijn de volle waarheid. Via het krachtige en liefdevolle werk van de Geest mogen we deze waarheid in ons hart sluiten.

Dat vraagt dus ook om denkwerk, om onderscheidingsvermogen, om Schriftonderzoek, om de houding die we aantreffen bij de christenen in Berea. Van hen wordt getuigd dat zij welwillender waren dan de gelovigen in Tessalonica, 'want ze luisterden vol belangstelling naar de verkondiging van het evangelie en bestudeerden dagelijks de Schriften om te zien of het inderdaad waar was wat er werd gezegd' (Handelingen 17:11).

In het koninkrijk van Jezus Christus zijn waarheid en ervaring geen tegenstellingen. De waarheid kan ervaren worden en onze ervaringen moeten waar zijn, willen we ze kunnen bestempelen als ervaringen die de Geest van Christus ons geeft. En dat dat allemaal zo is, heeft ten diepste weer te maken met wie Jezus is. Hij zegt: 'Ik ben de waarheid' (Johannes 14:6). En zijn verschijning is vol waarheid: 'Het Woord is mens geworden en heeft bij ons gewoond, vol van goedheid en waarheid, en wij hebben zijn grootheid gezien, de grootheid van de enige Zoon van de Vader' (Johannes 1:14). 'Goedheid en waarheid zijn met Jezus Christus gekomen' (Johannes 1:17). Het zijn niet onze ervaringen en gevoelens, hoe liefdevol en authentiek ook, die ons vrij maken. Want Jezus zegt: 'Wanneer u bij mijn woord blijft, bent u werkelijk mijn leerlingen. U zult de waarheid kennen, en de waarheid zal u bevrijden' (Johannes 8:31-32).

Ik hoop daarom dat je in je nieuwe leven met Jezus en door zijn Geest ook zult groeien in de waarheid. En dat je steeds meer verliefd wordt op het Woord van Christus en op de leer van Christus. Niet om keurige denksystemen te ontwikkelen (want die houden het toch niet uit, ondanks hun schijn van kloppendheid) maar om in de Geest van Jezus een ware christen te zijn, in alle opzichten.

Want: de liefde 'vindt vreugde in de waarheid' (1 Korintiërs 13:6).

Om te doen

Kies hieronder het rijtje woorden waarbij je je het meest thuis voelt. Wat zegt je keuze over jouw manier van geloven?

Leer	Beleving
Waarheid	Liefde
Onderzoeken	Emotie
Schriftstudie	Hart
Kennis	Blijdschap
Hoofd	Verlangen

Om te leren

Ik heb jullie nog veel meer te zeggen, maar jullie kunnen het nog niet verdragen. De Geest van de waarheid zal jullie, wanneer hij komt, de weg wijzen naar de volle waarheid (Johannes 16:12-13).

Om te bidden

Heilige Geest, wilt u ons de weg naar de volle waarheid wijzen. Geef dat we met heel ons hart geloven en in de praktijk brengen dat de waarheid van het Woord kostbaar is, een schat om van te genieten en zuinig op te zijn. Help ons om onze ervaringen te toetsen aan uw Woord. En geef dat we voor alles willen geloven in hem die de waarheid in eigen persoon is, Jezus Christus. Amen.

DAG 26

Jezus en de vrucht van de Geest

In niemands leven wordt de vrucht van de Geest zo zichtbaar als in het leven van Jezus. Misschien komt dat wel omdat hijzelf in de meest intense zin de vrucht van de Geest is.

We maken kennis met de vrucht van de Geest in Galaten 5:22-23. Daar staan zo op het eerste gezicht negen woorden op een rijtje:

Liefde
Vreugde
Vrede
Geduld
Vriendelijkheid
Goedheid
Geloof
Zachtmoedigheid
Zelfbeheersing

Maar het is opvallend dat Paulus niet spreekt over een meervoud: de vruchten van de Geest. Dat doet hij wel als het gaat over het tegengestelde: 'de werken van het vlees' (Galaten 5:19-21, NBG 1951). En het is belangrijk daar op te letten. Het gaat om de ene vrucht van de Geest. En die ene vrucht is de liefde. Misschien is het beter om Galaten 5:22-23 zo te lezen (met een dubbele punt erbij): 'Maar de vrucht van de Geest is liefde: vreugde, vrede, geduld, vriendelijkheid, goedheid, geloof, zachtmoedigheid, zelfbeheersing.' De liefde krijgt dus op acht verschillende manieren een gezicht.

En is dat ook niet de meest kenmerkende karaktertrek van Jezus, de Zoon van Gods liefde? Dat hij zo eindeloos liefdevol is? Dat hij zichzelf volkomen weggeeft en opoffert omdat hij van alle mensen houdt? Dat hij zo ontstellend kwetsbaar en zwak durft te worden omdat hij houdt van jou en van mij? Dat God liefde is (1 Johannes 4:16) wordt het allerdiepst zichtbaar in Christus Jezus. En omdat Jezus God is, mogen we ook zeggen: Jezus is Gods liefde!

Ik vind het mooi om vandaag samen te zien dat de vrucht van de liefde in het leven van Jezus acht verschillende vormen aanneemt.

Vreugde | Jezus is Gods liefde. Hij zegt: 'Dit zeg ik tegen jullie om je mijn vreugde te geven, dan zal je vreugde volkomen zijn' (Johannes 15:11).

Vrede | Jezus is Gods liefde. Hij zegt: 'Ik laat jullie vrede na; mijn vrede geef ik jullie, zoals de wereld die niet geven kan. Maak je niet ongerust en verlies de moed niet' (Johannes 14:27).

Geduld | Jezus is Gods liefde. In hem wordt volkomen duidelijk hoe God is: 'U, Heer, bent een God die liefdevol is en genadig, geduldig, trouw en waarachtig' (Psalm 86:15).

Vriendelijkheid | Jezus is Gods liefde. In zijn nabijheid wordt zijn uitstraling de onze: 'Laat de Heer uw vreugde blijven; ik zeg u nogmaals: wees altijd verheugd. Laat iedereen u kennen als vriendelijke mensen. De Heer is nabij.' (Filippenzen 4:4-5).

Goedheid | Jezus is Gods liefde. In hem zien we God de HEER zelf: 'Proef, en geniet de goedheid van de HEER, gelukkig de mens die bij hem schuilt' (Psalm 34:9).

Geloof | Jezus is Gods liefde. Hij is volkomen betrouwbaar (geloof heeft hier de betekenis van trouw): 'In hem worden alle beloften van God ingelost; en daarom is het ook door hem dat we amen zeggen, tot Gods eer' (2 Korintiërs 1:20).

Zachtmoedigheid | Jezus is Gods liefde. Hij nodigt je uit om bij hem te komen, en zegt: 'Neem mijn juk op je en leer van mij, want ik ben zachtmoedig en nederig van hart. Dan zullen jullie werkelijk rust vinden' (Matteüs 11:29).

Zelfbeheersing | Jezus is Gods liefde. Van hem wordt het volgende getuigd: 'Hij werd gehoond en hoonde zelf niet, hij leed en dreigde niet, hij liet het oordeel over aan hem die rechtvaardig oordeelt' (1 Petrus 2:23).

Als je zo de vrucht van de Geest in het leven van Jezus ontdekt, wordt ook dat bekende hoofdstuk over de liefde, 1 Korintiërs 13, een echt Jezus-hoofdstuk: 'De liefde is geduldig en vol goedheid. De liefde kent geen afgunst, geen ijdel vertoon en geen zelfgenoegzaamheid. Ze is niet grof en niet zelfzuchtig, ze laat zich niet boos maken en rekent het kwaad niet aan, ze verheugt zich niet over het onrecht maar vindt vreugde in de waarheid. Alles verdraagt ze, alles gelooft ze, alles hoopt ze, in alles volhardt ze' (1 Korintiërs 13:4-7).

Om te doen

Kies een van de acht aspecten van de liefdesvrucht van de Geest uit om je er vandaag in te oefenen, heel praktisch in de omgang met de mensen die je vandaag ontmoet. Doe het niet in eigen kracht, maar in de naam van Jezus.

Om te leren

Maar de vrucht van de Geest is liefde: vreugde, vrede, geduld, vriendelijkheid, goedheid, geloof, zachtmoedigheid, zelfbeheersing (Galaten 5:22).

Om te bidden

Heer Jezus, ik geniet ervan dat de vrucht van de Geest in uw leven zo schitterend straalde. Dank u voor wie u was op aarde. Dank u voor wie u bent in de hemel en door uw Geest in mijn hart. Leer me om in u te blijven en te ontdekken dat de vrucht van uw Geest ook in mijn leven tot bloei komt. Bewaar me ervoor dat ik daarvoor hard aan het werk ga. Leer me slechts open te zijn voor uw liefdevolle aanwezigheid in mijn leven, stralende Zoon van Gods liefde. Amen.

DAG 27

De Geest en de vreugde

Een van de meest kenmerkende aspecten van geloven in Christus is dat het gepaard gaat met grote vreugde.

Ik begrijp best dat je bij die zin even de wenkbrauwen fronst. Want is dat wel waar? Is een christen altijd blij? Moet een christen altijd blij zijn? De praktijk laat nogal eens zien dat gelovigen weinig blijdschap ervaren in hun leven met God. In de kerk wordt er ook regelmatig gewaarschuwd tegen oppervlakkige blijdschap. En velen hebben het moeilijk met deze oproep in de Bijbel: 'Laat de Heer uw vreugde blijven; ik zeg u nogmaals: wees altijd verheugd' (Filippenzen 4:4)! Wordt hier niet het onmogelijke gevraagd?

Even afgezien van de praktijk, in de Bijbel behoort de vreugde toch echt tot het abc van het geloof. Wie in een concordantie eens na zou gaan hoe vaak er in Gods Woord gesproken wordt over blijdschap, vreugde, zich verheugen, jubelen, juichen en vrolijkheid (om niet meer te noemen), zal verbaasd staan te kijken!

Een vaak gehoorde opmerking in dit verband is deze: 'Er staat in de Bijbel wel dat Jezus huilde, maar nergens dat hij lachte!' Dat zal waar zijn. Maar ben je bij je Bijbelstudie wel eens tegen de volgende tekst aan gelopen? 'Op dat moment begon hij vervuld van de heilige Geest te juichen en zei: 'Ik loof u, Vader, Heer van hemel en aarde, omdat u deze dingen voor wijzen en verstandigen hebt verborgen, maar ze aan eenvoudige mensen hebt onthuld. Ja, Vader, zo hebt u het gewild" (Lucas 10:21). Ik kan me voorstellen dat je bij die tekst vooral zult gaan nadenken over het gegeven dat Gods wijsheid aan kinderen is geopenbaard. Maar heel bijzonder is hier toch ook dat apart wordt genoemd dat Jezus juichte. Hij juichte van blijdchap! En nog wel vervuld van de heilige Geest! Zo heeft de juichende vreugde ook in het leven van Jezus wel degelijk een plek.

Dat blijkt helemaal uit wat hij zelf ergens anders zegt. Zijn onderwijs over de wijnstok en de ranken en de liefde van de Vader en de Zoon rondt Jezus namelijk zo af: ‘Dit zeg ik tegen jullie om je mijn vreugde te geven, dan zal je vreugde volkomen zijn’ (Johannes 15:11). Dat is dus wat Jezus wil: dat de vreugde die in hem is in ons komt, zodat we zelfs overstromen van vreugde.

Waarom is er vreugde in Jezus? Omdat hij zich door zijn Vader geliefd weet: de liefde van de Vader is in hem, en hij blijft in de liefde van de Vader (Johannes 15:9). En dat is voor Jezus een onmetelijke bron van blijdschap. Hij weet dat zijn Vader zich onuitsprekelijk in hem verheugt (Matteüs 17:5). Deze door Jezus ervaren diepe vreugde wil hij doorgeven aan zijn leerlingen, zodat ze er vol van worden.

Heel belangrijk is het nu om te zien dat het gaat om een vreugde die niet afhankelijk is van onze levensomstandigheden. Want als je kijkt naar de dingen die er gebeuren in je leven, dan is er vaak geen reden tot blijdschap. Er is zoveel verdriet, teleurstelling, pijn en eenzaamheid. Maar het gaat er ook niet om dat we blij zijn over de dingen die ons overkomen, maar dat we te midden van alles wat mooi en moeilijk is onze vreugde zoeken en vinden in Jezus alleen.

Daarom zegt Paulus ook zo nadrukkelijk: ‘Laat de Héér uw vreugde blijven’ (Filippenzen 4:4). Het gaat om vreugde in Christus. Het gaat om de hemelse blijdschap in de Heer. Het gaat om de heilige vrolijkheid in onze Heiland. Geen blijdschap zonder meer, maar blijdschap in de Heer.

Naast Paulus spreekt ook Petrus over die vreugde: 'U hebt hem lief zonder hem ooit gezien te hebben; en zonder hem nu te zien gelooft u in hem en ervaart u een onuitsprekelijke, hemelse vreugde' (1 Petrus 1:8). Woorden schieten tekort om de glorievolle blijdschap te beschrijven die een mens ten deel valt in de verbondenheid met Jezus Christus.

Nu valt ook op zijn plek dat in de nadere omschrijving van de vrucht van de Geest, de vrucht van de liefde, de vreugde als eerste wordt genoemd! 'De vrucht van de Geest is liefde: vreugde…' (Galaten 5:22). Blij zijn is voor christenen niet een oppervlakkig en eventueel misbaar randverschijnsel. Het hoort helemaal bij de kern van de geloofsverbondenheid met Gods Zoon.

Maar vergeet niet dat het een vrucht is. En vruchten maak je niet, vruchten groeien. Onze blijdschap in de Heer zal groeien naar de mate waarin we in een levende en levendige verbondenheid met hem onze weg gaan.

Om te doen

Als je een feest hebt te vieren omdat er een blijde gebeurtenis is, probeer de vreugde die je dan ervaart eens vast te houden als een beeld van de blijdschap die Jezus wil geven. En vergis je niet: de blijdschap die in Jezus is en die in jou mag komen en overstromen, is veel intenser en heeft geen houdbaarheidsdatum.

Om te leren

Dit zeg ik tegen jullie om je mijn vreugde te geven, dan zal je vreugde volkomen zijn (Johannes 15:11).

Om te bidden

God van de vreugde, u die zich intens verheugt in uw Zoon, ik wil u vragen of u wilt geven dat de vrucht van de vreugde in mijn leven mag gaan bloeien. Dank u dat ik daarvoor niet afhankelijk ben van mijn uiterlijke levensomstandigheden, maar dat ik enkel en alleen ben aangewezen op uw lieve Zoon, Jezus Christus, in wie uw blijdschap liefdevol stroomt. Heer, verblijd mij eindeloos. In uw genade. Amen.

DAG 28

De gaven van de Geest van Christus

Er is vandaag de dag veel belangstelling voor de gaven van de Geest. En dat is helemaal terecht, want het is bijbels: God geeft gaven aan zijn gemeente, zodat de gemeente kan worden opgebouwd. En het verontachtzamen van die gaven zou betekenen dat we hulpbronnen die God zelf heeft gegeven voor de groei van het lichaam van Christus weigeren te gebruiken.

Toch roept de bijzondere aandacht voor de Geestesgaven ook veel discussie op. Zolang het gaat over de gaven van bijvoorbeeld het dienen, het geloof, het geven en het leiding geven, is er nog weinig aan de hand: van die gaven ziet iedereen hoe onmisbaar ze zijn voor de kerk van Jezus. Maar als het gaat over bijvoorbeeld spreken in klanktaal, genezing en profetieën (als woorden die rechtstreeks van de Geest ontvangen worden), gaat het mis. Dan staan christenen al snel tegenover elkaar.

Aan de ene kant zijn er christenen die niet genoeg kunnen krijgen van alle bijzondere en krachtige dingen die de Geest in hun leven en in de gemeente wil doen. Ze zijn enthousiast, gedreven en vol van de heilige Geest. Hun leven wordt gekleurd door grote verwachtingen van wat Jezus als overwinnaar allemaal wil doen.

Aan de andere kant zijn er christenen die zeggen: 'Zulke bijzondere gaven waren alleen bestemd voor de eerste christelijke gemeenten. Nu zijn ze niet meer nodig: wij hebben de Bijbel. Gods Woord is ruim voldoende, meer dan genoeg zelfs. En bovendien: aandacht voor bijzondere zaken als genezingswonderen en spreken in klanktaal leidt heel gemakkelijk tot een ongezonde aandacht voor de mensen die die gaven hebben, en het doet zomaar vergeten dat de hemel nog niet op aarde is. We moeten toch vooral, als zwakke en zondige mensen, leren leven van genade. '

Zonder nu een uitspraak te willen doen over het blijvende of voorbijgaande van sommige gaven die er in de eerste christelijke gemeente zeker waren, wil ik nu op drie dingen wijzen.

In de eerste plaats: er bestaat het reële gevaar dat de gaven worden losgemaakt van de gever. Dat gebeurde in de gemeente van Korinte ook heel concreet rond het spreken in klanktaal. Daar liepen mensen rond die zeiden: 'Kijk mij eens, ik spreek in klanktaal, ik ben me d'r eentje, moet je mij horen!' Dat gaat echt in tegen de Geest van God. Want de Geest wil de gaven geven, niet zodat wij ons er zelf mee kunnen verheerlijken, maar om er Christus mee te verheerlijken, tot opbouw van de gemeente.

In de tweede plaats: er bestaat het reële gevaar dat de Geest wordt losgemaakt van Christus. Dan wordt Christus vooral gezien als degene die voor ons aan het kruis is gestorven voor onze zonden (genade), en dan wordt de Geest degene die grote en vernieuwende en blijde dingen in ons leven doet (kracht). Maar zo'n onderscheid is onbijbels. Want de Geest is nooit los van Christus. Hij is de Geest van Christus!

In de derde plaats: er bestaat het reële gevaar dat we Christus niet in zijn volheid kennen. Veel gelovigen leven met een Christus die alleen maar de gekruisigde is: hij stierf voor onze zonden en kent ons in onze diepe zwakheid. Maar ze vertrouwen niet op zijn opstandingskracht en zijn heerlijkheid. En als het dan gaat over de gaven van de Geest, dan zeggen ze al snel: 'Pas op met die gaven, want voor je het weet, denk je dat het hier op aarde al een en al kracht en vernieuwing en overwinning is. En dan vergeet je dat we leven in het tijdperk van het 'nog niet', een tijdperk dat getekend wordt door gebrokenheid en zwakheid en zonde. We moeten leven van de genade van het kruis.'

Ik geloof dat we vooral dit moeten leren: als de Geest de Geest van Christus is (en dat is hij), dan zal het werk van de Geest ook de gestalte van Christus aannemen. En we hebben Christus leren kennen in zijn glorie: leeuw en lam tegelijk. Niet het een los van het ander. En dat betekent weer dat het werk van de Geest, die de Geest is van de verheerlijkte Christus, zowel leeuw-achtige als lam-achtige trekken zal vertonen! Wie niet meer wil weten van zwakheid en zonde, kent Christus niet als het lam. Wie niet wil weten van grote krachten en bijzondere gaven, kent Christus niet als de leeuw.

En het is voor ons maar moeilijk te doorgronden goddelijke wijsheid dat hier geen eenzijdige keuze kan worden gemaakt. Dat zou wel veel helderder zijn en gemakkelijker. Maar we zouden er de volheid van Christus mee verliezen. Hij is zó krachtig en zó genadig! En zijn kracht is genadig en zijn genade is krachtig. Zo hebben de gaven van de Geest van Christus uiteindelijk allemaal dit ene doel: de verheerlijking van Jezus, lam en leeuw van God (Openbaring 5:5-6), kracht van God en wijsheid van God (1 Korintiërs 1:24)!

Om te doen

Denk vandaag eens na over de gaven die jij van de Geest ontvangen hebt: hoe zet je die in voor de gemeente zodat Christus ermee verheerlijkt wordt? Oefen je vandaag ook concreet in het gebruiken van je gaven.

Om te leren

Er zijn verschillende gaven, maar er is één Geest; er zijn verschillende dienende taken, maar er is één Heer; er zijn verschillende uitingen van bijzondere kracht, maar het is één God die ze allemaal en bij iedereen teweegbrengt (1 Korintiërs 12:4-6).

Om te bidden

Geest van Jezus Christus, u die Gods gemeente op aarde bezielt en begenadigt, leer mij om samen met mijn broers en zussen oog te hebben voor uw bedoeling met de gaven die u zo overvloedig uitdeelt. Help mij en anderen om onze gaven als blijken van genade te ontvangen en tot uw eer te gebruiken. Leer ons het genadige karakter van uw kracht en het krachtige karakter van uw genade te ontdekken en te vieren. Amen.

DAG 29

De zuchtende Geest

Als we het werk van de Geest van Christus willen leren kennen, moeten we ook de diepte zoeken. Want hoezeer we hem ook aantreffen op de hoogtepunten in ons geloofsleven, we zijn niet alleen als we door diepe dalen gaan.

Op een van de hoogtepunten van de Bijbel, in Romeinen 8, wordt uitgebreid geschreven over het nieuwe leven door de Geest. En juist daar leren we de Geest van Christus kennen op een heel bijzondere manier. We leren hem daar kennen als de Geest die zucht.

Eerst schrijft Paulus - en hij is daarin ook heel persoonlijk, want hij weet waar hij het over heeft, als hij over lijden spreekt: 'Ik ben ervan overtuigd dat het lijden van deze tijd in geen verhouding staat tot de luister die ons in de toekomst zal worden geopenbaard' (Romeinen 8:18). De Paulus die zo juichend kan spreken over het nieuwe leven door de Geest, over de volheid van Christus, over de grenzeloze glorie van zijn hemelse God, deze Paulus weet ook te schrijven over het lijden in de wereld. Er is op aarde nog geen hemel. En tegelijk straalt er al wel licht, want het lijden van het heden weegt bij lange na niet op tegen de luister van de toekomst. Het mooiste moet nog komen!

En dan gaat het tot drie keer toe over zuchten.

'Wij weten dat de hele schepping nog altijd als in barensweeën zucht en lijdt' (Romeinen 8:22). De ooit goede schepping is gebroken en verscheurd. We zien en ervaren het dagelijks in rampen en andere noden die de aarde treffen en de mensen die daarop wonen.

‘En dat niet alleen, ook wijzelf, die als voorschot de Geest hebben ontvangen, ook wij zuchten in onszelf in afwachting van de openbaring dat we kinderen van God zijn, de verlossing van ons sterfelijk bestaan’ (Romeinen 8:23). Kinderen van God, die dus de Geest als voorschot ontvangen hebben, zuchten van verlangen vanwege wat ze hier nog missen.

‘De Geest helpt ons in onze zwakheid; wij weten immers niet wat we in ons gebed tegen God moeten zeggen, maar de Geest zelf pleit voor ons met woordloze zuchten’ (Romeinen 8:26). Gods schepping zucht, Gods kinderen zuchten en zelfs Gods Geest zucht: hij kent ons in onze zwakheid en schiet ons biddend te hulp, met woordloze zuchten, juist waar wij geen woorden meer hebben.

De heilige Geest van Christus is er dus zuchtend en biddend bij als we ziek zijn en pijn lijden, als we verbijsterd zijn vanwege de dood van een geliefde, als we de nood en ellende van deze wereld tot ons door laten dringen, als we worden overrompeld door het kwaad, als we wegkwijnen vanwege schuldbesef. Ons bidden wordt dan vaak een zuchten, dikwijls zonder woorden. En juist daarin is de Geest van Christus ons dan zeer nabij. Hij spreekt de woorden die voor ons onuitsprekelijk zijn. Want we kunnen vaak geen uitdrukking vinden voor de smart die we ervaren. Dan brengt de Geest onze nood voor God.

Veel van de Psalmen, als liederen van Christus’ Geest, gaan dan spreken, juist omdat wij geen woorden meer kunnen vinden. De Geest reikt ze ons dan aan.

‘Mijn God, mijn God, waarom hebt u mij verlaten? U blijft ver weg en redt mij niet, ook al schreeuw ik het uit. ‘Mijn God!’ roep ik overdag, en u antwoordt niet, ’s nachts, en ik vind geen rust’ (Psalm 22:2-3).

‘Heb erbarmen, HEER, want ik verkeer in nood, mijn ogen zijn gezwollen van verdriet, mijn ziel en mijn lichaam verkwijnen, mijn leven verloopt in ellende, zuchtend slijt ik mijn dagen, door eigen schuld slinken mijn krachten, tot op mijn botten teer ik weg' (Psalm 31:10-11).

'Banden van de dood omknelden mij, angsten van het dodenrijk grepen mij aan, ik voelde angst en pijn' (Psalm 116:3).

We zingen, we fluisteren, we schreeuwen de Psalmen als de geestelijke liederen die ook Christus zong. We zingen, we fluisteren, we schreeuwen ze in de Geest van Jezus. De trooster. De zuchter.

We zijn niet alleen als we door diepe dalen gaan.

Om te doen

Als we iets moeilijk vinden, of verdrietig, dan zuchten we wel eens heel diep. Haal je zulk zuchten eens voor de geest, of misschien zijn er nu wel dingen in je leven die je diep doen zuchten. Bedenk dan: de Geest van Jezus zucht ook.

Om te leren

De Geest helpt ons in onze zwakheid; wij weten immers niet wat we in ons gebed tegen God moeten zeggen, maar de Geest zelf pleit voor ons met woordloze zuchten (Romeinen 8:26).

Om te bidden

Heilige Geest van Jezus Christus, wat doet het me goed om te weten dat u zichzelf openbaart als een Geest die ook zucht. Dank u dat het lijden in deze wereld en ook de pijn in mijn leven u ter harte gaat. Dank u dat ik u niet alleen op hoogtepunten maar ook op de dieptepunten van mijn leven mag kennen en ontmoeten. Dank u voor uw woordloze zuchten voor God, wanneer mijn bidden zwijgen wordt. Amen.

DAG 30

Geestelijke strijd

Leven met Jezus is geen succesverhaal, een verhaal van louter vreugde en overwinning. Want wie Jezus vindt, vindt een gekruisigde Heer om te volgen. Hij zegt het zelf ook: 'Toen zei Jezus tegen zijn leerlingen: 'Wie achter mij aan wil komen, moet zichzelf verloochenen, zijn kruis op zich nemen en mij volgen' (Matteüs 16:24).

Van één ding moet je goed doordrongen zijn: geloven in Jezus brengt je per definitie in de geestelijke strijd. Juist waar we de heilige Geest van Christus ervaren in ons leven, zullen boze geesten aan het werk gaan. Zo ging ook Jezus, voorafgaand aan zijn openbare optreden, de woestijn in om verzocht te worden door de duivel. En hij werd nog wel door de heilige Geest in die woestijn gebracht (Lucas 4:1-2)!

De verbondenheid met die Jezus betekent dus dat je zult delen in zijn lijden. Paulus spreekt daarover als hij schrijft: 'Ik wil Christus kennen en de kracht van zijn opstanding ervaren, ik wil delen in zijn lijden en aan hem gelijk worden in zijn dood, in de hoop misschien ook zelf uit de dood op te staan' (Filippenzen 3:10-11). In het leven van volgelingen van Jezus Christus liggen dood en opstanding, lijden en heerlijkheid volkomen in elkaar verstrengeld en altijd in elkaars verlengde. Wie door genade geroepen wordt om Jezus te kennen, zal ook het delen in zijn lijden werkelijkheid zien worden in zijn leven.

Want er is een geestelijke strijd gaande, een strijd die zich concentreert rond de naam van Jezus. De duivel zet alles op alles om ons te verleiden om uit de buurt van Jezus te blijven. Want waar hij gekend wordt, waar de naam van Jezus geroemd wordt, waar mensen zich radicaal toewijden aan Jezus alleen, daar wordt de satan steeds machtelozer. Vergis je er daarom niet in hoe heftig en venijnig de aanvallen van de duivel zullen zijn, als gelovigen door de Geest werkelijk Jezus Christus centraal gaan stellen in heel hun leven. Dan zullen we ons steeds meer moeten oefenen om stand te kunnen houden. Want: 'Onze strijd is niet gericht tegen mensen maar tegen hemelse vorsten, de heersers en de machthebbers van de duisternis, tegen de kwade geesten in de hemelsferen. Neem daarom de wapens van God op om weerstand te kunnen bieden op de dag van het kwaad, om goed voorbereid stand te kunnen houden' (Efeziërs 6:12-13).

Hebben we voor deze geestelijke strijd wel voldoende oog? Waar zie je deze strijd in je eigen leven?

Het is in elk geval geweldig dat God ons voor die geestelijke strijd wil toerusten met een geestelijke wapenrusting. Want hij verlangt ernaar dat we weerstand bieden en dat we stand houden. In eigen kracht kan dat nooit. Daarom begint Paulus dit gedeelte ook zo: 'Zoek uw kracht in de Heer, in de kracht van zijn macht' (Efeziërs 6:10). In de geestelijke strijd rond Jezus vinden we juist in de naam van Jezus en in de kracht van zijn macht wat we nodig hebben om ons te verdedigen en om aan te vallen.

In die strijd speelt vooral het zwaard van de Geest een cruciale rol: 'Draag als helm de verlossing en als zwaard de Geest, dat wil zeggen Gods woorden' (Efeziërs 6:17). Het is veelzeggend dat het gaat om het zwaard van de Géést. Het is niet míjn zwaard. Het blijft in de hantering een wapen waarmee teruggeslagen kan worden, maar niet omdat ik het zo goed weet te hanteren, maar omdat het blijft in de hand van de Geest. En dat zwaard dient ook niet alleen om van me af slaan. Het is ook op mij gericht: 'Want levend en krachtig is het woord van God, en scherper dan een tweesnijdend zwaard: het dringt diep door tot waar ziel en geest, been en merg elkaar raken, en het is in staat de opvattingen en gedachten van het hart te ontleden' (Hebreeën 4:12).

Ik geloof dat het belangrijkste slagveld waarop de geestelijke strijd wordt geleverd, het slagveld van onze gedachten is. De duivel weet als geen ander door te dringen tot ons denken. Het is niet voor niets dat Paulus ons waarschuwt: 'Alleen vrees ik dat, zoals Eva door de slang op sluwe wijze bedrogen werd, uw gedachten worden weggelokt van de oprechte en zuivere toewijding aan Christus' (2 Korintiërs 11:3). Paulus spreekt hier niet over onze harten of over onze daden, maar over onze gedachten. Want op uiterst scherpzinnige en venijnige manier zal de duivel proberen ons denken zo te beïnvloeden - ook met heel vrome en bijbels klinkende redeneringen - dat we losraken van de eenvoudige toewijding aan Christus.

De duivel als de onheilige geest bij uitstek wil maar één ding: ons weghouden bij Jezus. De Geest van Christus als de heilige Geest wil ook maar één ding: ons bij Jezus brengen en hem groot maken in ons leven.

Deze eenvoudige gedachte radicaal een plek geven in heel ons leven, zodat allereerst ons denken, en vervolgens ook ons ervaren en ons handelen zich vernieuwt - daar gaat het ten diepste om in de geestelijke strijd die gaande is. Laat daarom de duivel niet toe om in jouw denken zijn werk te doen. Laat je denken dag in dag uit vullen met goddelijke gedachten, met het Woord van God dus.

Om te doen

Als je kijkt naar het journaal, zie je vaak oorlogsbeelden. En we schrikken ervan. Besef, als je zulke beelden weer ziet, dat er nog een oorlog gaande is: de geestelijke strijd waarover de Bijbel spreekt. Echt: het is oorlog!

Om te leren

Ten slotte, zoek uw kracht in de Heer, in de kracht van zijn macht. Trek de wapenrusting van God aan om stand te kunnen houden tegen de listen van de duivel (Efeziërs 6:10-11).

Om te bidden

Trouwe en machtige God, in de naam van Jezus en in de kracht van de Geest bid ik of u mij krachtig wilt maken om de geestelijke strijd aan te gaan. Ik wil Jezus volgen en besef dat ik een gekruisigde Heer volg. Bewaar me ervoor dat ik de strijd uit mijn leven uit de weg ga en dat ik mijn kruis niet op me neem. Leer me vóór alles om mijn gedachten te vullen met uw waarheid en niet met de leugens van de tegenstander. Geef me liefde voor uw Woord als het zwaard van de Geest van Christus. Amen.

DEEL 5

Worden als hij

Het is Gods diepe verlangen dat in het leven van zijn kinderen op aarde steeds meer zichtbaar wordt van het leven van zijn Zoon in de hemel. Dat is niet alleen zijn verlangen, hij belooft het ook en hij gaat het ook doen als we ons door de Geest tot hem hebben bekeerd. God ademt Jezus in zijn kinderen. Daar word je een ander mens van. Net als Jezus.

DAG 31

Meer en meer veranderen

Kan ik veranderen? Die vraag kun je wel eens stellen, bijvoorbeeld als je worstelt met een nare karaktertrek of met een zonde die steeds terugkeert in je leven. Het is heel verleidelijk om dan te zeggen: ‘Zo ben ik nu eenmaal.’ En je bent blij dat Jezus voor je zonden en voor je nare karaktertrekken is gestorven.

En nu wil ik helemaal niets afdoen aan dat kostbare geschenk van vergeving uit genade. Maar Paulus vroeg het al een keer hardop: ‘Betekent dit nu dat we moeten blijven zondigen om de genade te laten toenemen?’ En zijn antwoord luidt in alle helderheid: ‘Dat in geen geval. Hoe zouden wij, die dood zijn voor de zonde, nog in zonde kunnen leven?’ (Romeinen 6:1-2).

Luister goed, want dit is de waarheid in Christus: je kunt veranderen, je kunt breken met zonde, je kunt in de loop van je leven groeien in liefde en reinheid, in vrijheid en vreugde, in hulpvaardigheid en het aanvaarden van de ander! Maar dat kun je niet zelf. Misschien probeer je dat al wel een hele tijd: om jezelf te veranderen. Je spant je er voor in en als het dan toch mislukt, dan denk je: ‘Morgen doe ik het beter.’ Maar ik kan je garanderen dat je het morgen niet beter doet zolang je het zelf blijft proberen.

Want er is maar één manier waarop wij gaan veranderen. Het is de manier die God ons door zijn Geest geeft: kijken naar Jezus. Dat maakt Paulus ons duidelijk als hij zegt: ‘Wij allen die met onbedekt gezicht de luister van de Heer aanschouwen, zullen meer en meer door de Geest van de Heer naar de luister van dat beeld worden veranderd' (2 Korintiërs 3:18). Daar staat het zwart op wit. We gaan door de Geest veranderen als we de glorie en de luister van Jezus op ons af laten komen.

Voor het woord 'aanschouwen' in deze tekst kun je ook het woord 'weerspiegelen' gebruiken. Daarbij kun je denken aan een reflector: een reflector kaatst het licht dat er op schijnt terug. Als kinderen van God kunnen wij het licht van Jezus' genade en liefde en waarheid terugkaatsen naar God zelf en naar de mensen om ons heen. Maar ook als je het woord 'aanschouwen' gewoon laat staan, als eenvoudigweg aandachtig kijken, zijn de gevolgen hetzelfde: als we met heel ons hart naar Jezus kijken, en genieten van zijn schoonheid en kracht en blijdschap, dan zullen we langzamerhand gaan merken dat we andere mensen worden. Mensen in wie steeds meer zichtbaar wordt van de 'gestalte van Christus' (Galaten 4:19), mensen die steeds meer 'het evenveeld van Gods Zoon' worden (Romeinen 8:29), mensen die steeds meer 'de gezindheid van Christus Jezus' krijgen (Filippenzen 2:5).

Misschien vraag je je af of dat dan van de ene dag op de andere moet gebeuren. Nee, dat moet niet. Want God is zo genadig! Hij gunt ons in zijn genade echte verandering, maar hij gunt ons ook de tijd. We veranderen 'meer en meer' zegt Paulus. Het is een groeiproces. Net als met een plantje: door licht en regen en warmte groeit het langzamerhand uit tot iets moois. Als je aan zo'n plantje gaat lopen trekken, gaat het plantje stuk.

Het is wel belangrijk dat er dan niets tussen jou en Jezus in zit. Paulus heeft het over een sluier die moet worden weggenomen zodat je 'met onbedekt gezicht' kunt kijken. Als jij je wel eens afvraagt waarom er niet meer geestelijke groei in je leven is, dan is het goed om jezelf ook deze vraag te stellen: zijn er dingen die tussen mij en Jezus in staan, zodat ik niet voluit kan kijken in het licht van zijn glorie? Dan kan het gaan om bepaalde zonden bijvoorbeeld, of om een verslaving, om pijn uit het verleden die je maar laat voortwoekeren, of om de wil om het toch zelf te doen in eigen kracht.

Dat alles en nog veel meer kan ervoor zorgen dat de ogen van je hart onvoldoende open zijn voor de luister van de Heer. Bid de Geest dan om inzicht en om kracht om los te laten. Bid de Geest om overgave. Want God wil zo'n mooi mens van je maken! Hij wil zo graag dat in je leven steeds meer zichtbaar wordt wie je door genade in Christus al mag zijn.

Om te doen

Lang en liefdevol kijken naar Jezus. Als je dat steeds vaker doet, zul je door zijn Geest gaan lijken op Jezus: je wordt een mooier mens. Hoe meer we kijken naar Jezus, hoe meer we gaan lijken op Jezus! Maar hoe kijk je naar iemand die je niet kunt zien? Je lichamelijke ogen laten je hier in de steek. Maar met de ogen van je hart en van je verbeelding kun je Jezus voor je zien: als leraar op de berg, als koning op de ezel, als gezeten aan Gods rechterhand in het volle licht van de heerlijkheid, als de zon.

Om te leren

Wij allen die met onbedekt gezicht de luister van de Heer aanschouwen, zullen meer en meer door de Geest van de Heer naar de luister van dat beeld worden veranderd (2 Korintiërs 3:18).

Om te bidden

Heer Jezus Christus, u wilt dat ik naar u kijk, en u wilt mij door uw Geest al kijkend veranderen zodat ik ga lijken op u. En dat wil ik ook: veranderen naar uw beeld. Geef toch dat u steeds meer gestalte in mij aanneemt, dat uw glorie van mijn leven afstraalt. Help me om door uw Geest af te rekenen met alles wat daarbij in de weg staat. Amen.

DAG 32

Mijn identiteit in Christus

Wie ben ik? Op deze vraag moeten we allemaal een antwoord leren geven. Het is de vraag naar onze identiteit. Maar nu is er een groot probleem, namelijk dit: dat we het antwoord op de verkeerde plaatsen zoeken. We zoeken onze identiteit bijvoorbeeld vaak in wat we doen: ons beroep, onze maatschappelijke positie. We zoeken onze identiteit in wat we kunnen, hoeveel we weten, hoe we eruit zien. We laten onze identiteit bepalen door wat andere mensen over ons zeggen of door onze familieverbanden ('ik ben een echte...' en vul dan je achternaam maar in).

Veel mensen hebben door moeilijke en verdrietige levenservaringen ook een verwrongen zelfbeeld gekregen. Allerlei kwetsuren (van gebrek aan liefde en waardering tot geestelijk en lichamelijk misbruik) hebben ertoe geleid dat ze zich waardeloos voelen: 'Ik doe er niet toe. Ik ben niet belangrijk. Ik mag er niet zijn.' En heeft de kerk daar vaak niet ook nog een schepje bovenop gedaan door heel sterk te benadrukken dat we zondige mensen zijn? Deze uitspraak van Paulus mag zich onder veel gelovigen in een grote populariteit verheugen: 'Ik ellendig mens!' (Romeinen 7:24).

Maar ik zou nu graag willen dat je één ding onthoudt, niet alleen vandaag, maar ook morgen en heel je verdere leven: als kind van God vind je je identiteit alleen in Christus! Ik herhaal het nog een keer: als kind van God vind je je identiteit alleen in Christus! Alleen aan zijn voeten kun je leren een antwoord te geven op de vraag: 'Wie ben ik?'

In Christus. Dat is een heel belangrijke uitdrukking in het Nieuwe Testament. Die uitdrukking gaat over onze verbondenheid met Jezus en zijn verbondenheid met ons. Als we in Christus zijn, dan vormen we met hem een eenheid. En in die eenheid is al het zijne het mijne en al het mijne het zijne. Dat betekent bijvoorbeeld dat mijn zonde en schuld niet langer van mij zijn, maar van hem: hij is er voor gestorven, en na zijn opstanding deelt hij door zijn Geest de vergeving uit. Het betekent ook dat Christus' volmaaktheid en kracht en liefde en geduld de mijne zijn. En pas als ik dat met hart en ziel weet, kan ik ook leren om een antwoord te geven op de vraag naar mijn identiteit.

Dan valt er ook een heleboel weg, wat we vaak zo belangrijk vinden: onze positie, ons man of vrouw zijn, ons hetero of homo zijn, ons gewaardeerd of niet-gewaardeerd worden, onze afkomst, onze inzet, onze ijver. Ik moet dan denken aan wat Paulus daarover zegt: 'Maar wat voor mij winst was, ben ik omwille van Christus als verlies gaan beschouwen. Sterker nog, alles beschouw ik als verlies. Het kennen van Christus Jezus, mijn Heer, overtreft immers alles. Omwille van hem heb ik alles prijsgegeven; ik heb alles als afval weggegooid. Ik wilde Christus winnen' (Filippenzen 3:7-8). Je kunt daarbij denken aan zo'n grote grijze kliko-container: gooi alles wat je van jezelf belangrijk vindt en alles wat andere mensen over je zeggen en denken maar in die afvalcontainer. En win dan Christus! Want als je Christus hebt, zul je ontdekken wie je ten diepste bent: een nieuwe schepping (2 Korintiërs 5:17), een vriend van Jezus (Johannes 15:15), een kind van God (1 Johannes 3:1), een heilige (Efeziërs 1:1), iemand die tegen alles bestand is (Filippenzen 4:13).

En weet je: het antwoord op de vraag 'Wie ben ik?' bepaalt in hoge mate hoe je je gedraagt. Als jij jezelf vooral ziet als een zondaar, dan zul je je ook als zondaar gaan gedragen. Als je jezelf ziet, in Christus, als een nieuwe schepping, zul je je ook steeds meer als een vernieuwd mens gaan gedragen. Als je jezelf ziet als iemand die, in Christus, alles kan, dan zul je ontdekken dat je, als het gaat om heilig leven, veel meer kunt dan je ooit gedacht hebt.

Daarom nog één keer: als kind van God vind je je ware identiteit alleen in Christus! Zoek je identiteit dan ook in hem en niet langer in wat andere mensen van je vinden of waar dan ook in. Je zult er een mooier mens van worden. Iemand aan wie steeds meer zichtbaar wordt dat je in Christus bent en dat Christus in jou is.

Om te doen

Als christen vind je je ware identiteit in Christus. Lees de onderstaande teksten hardop, en geloof met hart en ziel dat wat er gezegd wordt ook werkelijk waar is.

Ik ben een kind van God (1 Johannes 3:1)
Ik ben een vriend van Jezus (Johannes 15:15)
Ik ben als rechtvaardige aangenomen (Romeinen 5:1)
Ik ben bevrijd van de wet van de zonde (Romeinen 8:2)
Ik ben gekocht en betaald (1 Korintiërs 6:20)
Ik ben een lid van Christus' lichaam (1 Korintiërs 12:27)
Ik ben een nieuwe schepping (2 Korintiërs 5:17)
Ik ben een heilige (Efeziërs 1:1)
Ik ben geschapen om de weg te gaan van goede daden (Efeziërs 2:10)
Ik ben een tempel van de heilige Geest (1 Korintiërs 6:19)

Om te leren

Daarom ook is iemand die één met Christus is, een nieuwe schepping. Het oude is voorbij, het nieuwe is gekomen (2 Korintiërs 5:17).

Om te bidden

Vader in de hemel, u hebt aan ons de Zoon van uw liefde gegeven. Door uw Geest wil hij in mij wonen en mag ik in hem zijn. Ik vraag u om mij te helpen mijn ware ik alleen in Jezus, uw Zoon, te zoeken. Laat me ontdekken wat het betekent dat ik in hem een nieuwe schepping ben, een geliefd kind van u, meer dan overwinnaar. Amen.

DAG 33

Groeien naar Christus toe

Op deze laatste dag wil ik een paar zinnen met je lezen uit de brief van Paulus aan de Efeziërs. In hoofdstuk 4 gaat het onder meer over de toerusting die God aan zijn gemeente wil geven. Als doel van dat toerustingswerk formuleert Paulus: 'Zo wordt het lichaam van Christus opgebouwd, totdat wij allen samen door ons geloof en door onze kennis van de Zoon van God een eenheid vormen, de eenheid van de volmaakte mens, van de tot volle wasdom gekomen volheid van Christus.' En: 'Dan zullen we, door ons aan de waarheid te houden en elkaar lief te hebben, samen volledig toe groeien naar hem die het hoofd is: Christus' (Efeziërs 4:12-15).

Wat wil God dus? Waar moet in Gods gemeente alles op gericht zijn? Wat is zijn verlangen voor zijn kinderen op aarde? Kort samengevat: dat we de volheid van Christus kennen en ervaren, en dat we samen volledig naar Christus toe groeien.

Het valt in de brieven van Paulus vaker op dat hij spreekt over volheid. Het gaat maar niet om een beetje, of om veel, maar om volheid, om rijkdom, om volwassenheid. Nemen we in ons leven vaak niet genoegen met een zekere mate van levensheiliging, een zekere mate van kennis, een zekere mate van rijpheid? Maar dat is dan toch in elk geval niet wat God voor ons op het oog heeft. Het gaat hem om de vólheid van Christus, die tot vólle wasdom komt. Het gaat om overvloed!

Misschien vind je het wel moeilijk om je daar wat bij voor te stellen. Dat snap ik, want dat vind ik zelf eigenlijk ook. Maar wat we niet moeten doen, is het dan maar een beetje afzwakken. In de trant van: 'Natuurlijk moeten we steeds een beetje groeien in onze kennis van Christus, maar dat gaat vanzelf.' Nee, God verlangt ernaar dat we volle kennis van de volheid van Christus ontvangen. Daar moet in het leven in de gemeente van Christus alles op gericht zijn.

Nu weet ik wel dat we de volmaakte volheid pas zullen ontvangen als we oog in oog staan met onze heiland, in de hemel, of als hij terugkomt op de wolken. Dan is het pas af. Maar ook hier op aarde kunnen we dus al zóveel kennis van Christus ontvangen. Volle kennis van de volheid van Christus: alles weten dus over alles van Christus. Volwassen christenen zijn christenen die geen genoegen nemen met de hoogstnoodzakelijke kennis van Christus (bijvoorbeeld dat hij voor je zonden aan het kruis is gestorven en dat hij terugkomt op de wolken), maar die verlangen naar meer. Geen bodempje water in het glas of een halfvol glas, maar een glas dat overstroomt!

Dat verlangen naar meer is ook zo noodzakelijk om je niet door allerlei dwaalleer en 'Spielerei' te laten afleiden (Efeziërs 4:14). Het gaat om de waarheid, om de volle waarheid. En als we ons daaraan houden, dan zullen we ook toegroeien naar Christus. In liefde. Heel mooi komen die twee woorden hier bij elkaar: waarheid en liefde. Beide zijn ze onmisbaar in het koninkrijk van Christus. Want waarheid zonder liefde is koud, en liefde zonder waarheid is vrijblijvend.

Zo is heel het christelijke leven aangelegd op groei: liefdevolle groei naar hem toe die liefdevol de waarheid is. En wie groeit, verandert. Steeds meer zal Christus door zijn Geest een stempel op je leven drukken. Steeds meer zul je ervaren dat er een geweldige intimiteit is in de verbondenheid met Jezus. Steeds meer zul je ontdekken dat hij jouw leven krachtig maakt. En dat heeft met je uiterlijke levensomstandigheden helemaal niet zoveel te maken. In liefde toegroeien naar Christus kan in elke situatie: op een ziekbed, rond een sterfbed, bij een geboorte, in armoede, in rijkdom, in oorlog, in vredestijd. Het kennen van Christus gaat dat alles te boven.

Verlang je naar dat volle kennen van de volheid van Christus?

Om te doen

In Efeziërs 4 wordt gesproken over toerusting in de gemeente van Christus, met als doel: toegroeien naar Christus. Laat alles wat er in je gemeente aan toerusting en onderwijs gebeurt op je afkomen als werk dat de Geest wil doen om je dieper in te leiden in de kennis van Jezus. Bid voor wie de toerusting en het onderwijs geven.

Om te leren

Dan zullen we, door ons aan de waarheid te houden en elkaar lief te hebben, samen volledig toe groeien naar hem die het hoofd is: Christus (Efeziërs 4:15).

Om te bidden

Heer, ware God, geef dat ik samen met al uw kinderen mag groeien in het kennen van uw Zoon in al zijn volle heerlijkheid. En geef door uw genade dat wij daardoor in alle opzichten mogen uitgroeien tot volwassen christenen die de waarheid liefhebben en uw liefde waar maken. En die zo Christus voorstellen aan wie hem nog niet kennen. Drie-enige God, Vader, Zoon en Geest, aan u komt alle eer toe, nu en in eeuwigheid. Amen.

GESPREKSVRAGEN

Onderstaande vragen helpen je op weg om geloofsgesprekken te voeren over wat je in het boek gelezen hebt.

Bij deel 1: Niemand is als hij

1. Welke namen zijn in jouw leven heel belangrijk? Welke plaats neemt de naam 'Jezus' daartussen in?
2. Kies drie van de 49 namen van Dag 1 uit die je graag beter zou willen leren kennen (door er over te lezen en te praten) en vertel waarom je juist deze namen kiest.
3. Praat door over deze uitspraak: 'Jezus Christus is in eigen persoon alles wat we nodig hebben' (Dag 2). Herken je dit? Wat betekent het in de praktijk?
4. Maak je keuze aan het einde van Dag 2 ('om te doen') en praat er met de anderen over door.
5. Bespreek met elkaar eens wat er allemaal aan het veranderen is in je persoonlijke leven en in de kerkelijke gemeente waartoe je behoort. Praat vervolgens door over wat Jezus in al die concrete veranderingen kan betekenen.
6. Hoe je samen met anderen concreet groeien in het aanbidden van Jezus Christus?

Bij deel 2: Sprekend zijn Vader

1. Wie ken je beter: de Vader of de Zoon?
2. Praat samen door over deze vraag: Waarom is de Vader zo intens blij met zijn Zoon?
3. Wij eren de Vader het allerbeste als we zijn Zoon eren en we eren de Zoon het allerbeste als we de Vader eren. 'Als ik de één eer, komt de ander nooit tekort' (Dag 5). Ben je het hiermee eens?
4. De drie-enige God leer je alleen kennen door Jezus heen. Wat vind je van deze uitspraak?
5. Wat zal het voor gevolgen hebben als mensen God proberen te kennen buiten Jezus om?
6. Praat samen door over deze gedachte: de concentratie op Jezus Christus maakt heel helder dat islam en christendom onverenigbare godsdiensten zijn.
7. Vind je het moeilijk om God aan te spreken als 'Papa'? Waarom?
8. Praat door over deze passage (Dag 10) : 'Zoals de Zoon naar de Vader luisterde en hem gehoorzaamde, zo moeten wij naar de Zoon luisteren en hem gehoorzamen. Zoals de Zoon leefde door de Vader, zo leven wij door de Zoon. Zoals de Zoon werd bemind door de Vader, zo worden wij bemind door de Zoon.'
9. Overdenk samen deze namen van Jezus: 'Afdruk van God' en 'Afstraling van Gods heerlijkheid'.
10. Spreek samen door over deze zinnen (Dag 12): 'Vaak zijn mensen op zoek naar iets van God: ze verlangen ernaar zijn vrede, zijn vergeving, zijn rust, zijn genade te ontvangen. Maar geloven is ten diepste: God zoeken om hemzelf, God liefhebben niet om wat hij geeft maar om wie hij is.'

Bij deel 3: Christus, de levende

1. Vorm je met elkaar een beeld van de 'gewoonheid' van Jezus als kind op aarde door daarover van gedachten te wisselen.
2. Jezus Christus is het levende Woord van God. In hem spreekt God

Zich uit. Wat betekent dat voor je geloofsleven?
3. Herken je dat ook in je eigen leven en het leven van je gemeente, dat woorden van Jezus levend en levensveranderend zijn? Kun je daar voorbeelden van geven?
4. Hoe doe jij dat: als rank blijven in de wijnstok? Ben je wel eens bang dat je een rank bent die geen vrucht draagt en daarom verbrand zal worden?
5. Troost het jou om in zwakke en verdrietige momenten te weten van de zwakheid van Jezus?
6. Staat het kruis van Christus in het centrum van jouw leven? Zo nee, hoe kan dat, en wat staat er dan wel in dat centrum? Zo ja, wat betekent dat voor jou in het concrete alledaagse leven?
7. Overdenk samen grondig wat het betekent dat er in jouw leven als gelovige 'C-Power' is (Dag 18).
8. 'Het is het allermooiste wat er is. Je raakt er nooit over uitgedacht en je raakt er nooit op uitgekeken. Altijd is het weer anders en nog mooier dan je dacht. Het gaat over de glorie van Jezus' (Dag 19). Herken je dit, of vind je het eigenlijk een beetje overdreven?
9. Kende jij Christus ook al als Schepper van hemel en aarde? Of is dit een nieuw bijbels inzicht voor je? Wat verandert dit aan je omgaan met de schepping?
10. 'Daarom verwachten wij die grote dag met sterk verlangen, om ten volle te genieten de beloften van God in Jezus Christus, onze Heer' (Dag 21). Belijd en beleef jij deze woorden met heel je hart?

Bij deel 4: In de Geest van Jezus

1. Wie van de twee krijgt in jouw geloofsleven en in het leven van de gemeente waar je deel van uit maakt de meeste aandacht: de Geest of de Zoon?
2. Praat samen door over de acht genoemde manieren waarop de Geest Jezus verheerlijkt (Dag 23). Welke van de genoemde manieren is voor jou nieuw?
3. Welk verschil maakt het voor je geloofsleven dat het hoofdthema

van de Bijbel niet is 'de zonde en de vergeving van de zonde' maar 'God wil wonen bij de mensen'?
4. Doe samen wat er op Dag 25 ('om te doen') staat: kies uit de twee rijtjes de woorden waar je je het meest bij thuisvoelt, en bespreek wat dat zegt over jouw manier van geloven.
5. Alleen als je je helemaal concentreert op Jezus en je aan Hem overgeeft aan Hem, zal de vrucht van de Geest gaan groeien in je leven. Ben je het daarmee eens? Herken je het ook in je eigen leven of het leven van een broeder of zuster?
6. Hoe blij ben jij?
7. Herken je het gevaar dat de gaven worden losgemaakt van de gever (de Geest) en dat de Geest wordt losgemaakt van Christus?
8. Welke gaven van de Geest van Christus vind je met name voor je eigen gemeente heel belangrijk?
9. 'We zijn niet alleen als we door diepe dalen gaan' (Dag 29). Hoe herken je het werk van de Geest in perioden en momenten van je leven die moeilijk waren of zijn?
10. 'Van één ding moet je goed doordrongen zijn: geloven in Jezus brengt je per definitie in de geestelijke strijd. Juist waar we de heilige Geest van Christus ervaren in ons leven, zullen boze geesten aan het werk gaan' (Dag 30). Waar herken jij die geestelijke strijd in je eigen leven en in het leven van je gemeente?

Bij deel 5: Worden als hij

1. Geloof jij dat je door het werk van Christus' Geest daadwerkelijk kunt veranderen? Zie je bij jezelf en bij anderen ook een groei waarvan geldt: 'meer en meer'?
2. 'Lang en liefdevol kijken naar Jezus. Als je dat steeds vaker doet, zul je door zijn Geest gaan lijken op Jezus: je wordt een mooier mens' (Dag 31). Hoe doe jij dat: lang en liefdevol kijken?
3. Als kind van God vind je je identiteit alleen in Christus. Praat eerlijk door over verkeerde plaatsen waar jij je identiteit vaak zoekt.
4. Bespreek de tien Bijbelteksten rond identiteit die op een rijtje staan

(Dag 32). Ben je bereid al deze uitspraken met hart en ziel te geloven?

5. Verlang jij naar het steeds voller kennen van de volheid van Christus?
6. Hoe is jouw gemeente erop gericht om samen te groeien in het kennen van Christus met als doel: naar hem toegroeien?

Kijk ook op: **www.jezusontdekken.nl**.

OVER DE AUTEUR

Jos Douma (1968) is voorganger van de Plantagekerk in Zwolle. Hij is getrouwd met Joke en heeft vier zoons. In zijn werk laat hij zich leiden door deze missie: 'Mensen bij Jezus brengen, te beginnen bij mezelf'.

Naast predikant is Jos Douma ook docent spiritualiteit aan de Evangelische Theologische Faculteit in Leuven en gastdocent homiletiek (preekkunde) aan de Theologische Universiteit in Kampen. Verder heeft hij als auteur veel boeken geschreven over Jezus, geloven, kerk zijn en Bijbellezen.

Hij is actief aanwezig op internet:
www.josdouma.nl
www.twitter.com/josdouma
www.josdouma.wordpress.com

LEES OOK:

LEES OOK: